COF CENEDL XI

YSGRIFAU AR HANES CYMRU

Golygydd
GERAINT H. JENKINS

Gwasg Gomer

Argraffiad cyntaf—1996

ISBN 1 85902 219 7

Dymuna'r cyhoeddwyr gydnabod cymorth
Adrannau'r Cyngor Llyfrau Cymraeg.

Argraffwyd gan
Wasg Gomer, Llandysul, Dyfed

COF CENEDL XI

YSGRIFAU AR HANES CYMRU

Shân Phillip y Mynydd (Casgliad John Thomas).

Tra byddaf byw, fe ymlwybraf ymlaen, gan ymdrechu, os Duw a'i myn, i fod o wasanaeth i'm gwlad ac i achos y gwirionedd.

Lewis Morris

Y Moelwyn a Moel Siabod, cadernid Cynfal, tawelwch Tan y Castell, unigedd Nant y Tylathau, a thraddodiad hir iaith a bywyd a theuluoedd Cymru. Y mae'r pethau hyn yn cyfrif.

E. Morgan Humphreys

Er gwaethaf pawb a phopeth, rŷm ni yma o hyd.

Dafydd Iwan

Cynnwys

Lluniau

Rhagair

Ni fu prinder trafod ar faterion hanesyddol o bwys ymhlith ein brodyr Celtaidd eleni. Yn yr Alban dathlwyd ymdrech ramantus yr Ymhonnwr i adfer y frenhiniaeth Stiwartaidd ym 1745, ac ymddengys fod memorabilia yn ymwneud â'r Gwrthryfel, gan gynnwys cudynnau o wallt y Tywysog Siarl, gwydrau, modrwyau, tlysau, cleddyfau a dyddiaduron o'r cyfnod wedi gwerthu am symiau sylweddol iawn yn Sotheby's. Yn yr Ynys Werdd cododd to o haneswyr i edrych trwy wydrau newydd ar effaith y *Phytophthora infestans* ar y cnwd tatws, ar ganlyniadau y Newyn Mawr rhwng 1845 a 1849, ac ar sgil-effeithiau pellgyrhaeddol y digwyddiad ingol hwnnw ar feddylfryd y Gwyddelod. Diau y bydd yr astudiaethau hyn yn eu symbylu i ddeall eu doe a'u hechdoe yn well.

Gwaetha'r modd, ni fu haneswyr Cymru yn crychu'r dyfroedd eleni ac efallai fod a wnelo hynny â'r ffaith nad oes gennym ein Senedd ein hunain na phapur newydd cenedlaethol o bwys megis y *Scotsman* a'r *Irish Times* nac ychwaith sianel deledu sy'n caniatáu mwy na deuddeg eiliad o *soundbite* i unrhyw hanesydd waeth beth fo'i neges. Hawdd deall paham fod amryw yn dyheu am atgyfodi cylchgrawn *Y Faner* neu *Arcade* fel modd i hogi min ar feddwl Cymry Cymraeg a di-Gymraeg fel ei gilydd.

Eto i gyd, cafwyd un ornest ddiddorol ym myd hanes Cymru ar dudalennau *The New Welsh Review* pan gyhoeddodd D. Hywel Davies adolygiad (neu 'ymateb', fel y disgrifiodd ef ei lith) o waith yr Athro Dai Smith ar ddiwylliant de Cymru. Hanfod dadl Hywel Davies—a rhaid edmygu ei safiad dewr dros Hwntws Cymraeg eu hiaith—oedd fod yr Athro Smith yn fwriadol wedi dewis anwybyddu a bychanu Cymreictod cyfran helaeth o drigolion cymoedd diwydiannol de Cymru. Fel y gellid disgwyl, cafwyd ymateb buan a stormus i'w gollfarn. Fe'i dwrdiwyd yn chwyrn gan haneswyr o anian 'Llafur' nad ydynt yn enwog am eu defnydd o ffynonellau

Cymraeg nac am eu gofal dros ein heniaith. Yn ddoeth iawn, efallai, penderfynodd golygydd y cylchgrawn ddirwyn y ddadl gecrus i ben cyn iddi wenwyno'r holl awyrgylch hanesyddol ac ieithyddol yng Nghymru, a bydd raid yn awr ddisgwyl hyd nes bydd ffrwyth prosiect ymchwil y Ganolfan Uwchefrydiau Cymreig a Cheltaidd ar 'Hanes Cymdeithasol yr Iaith Gymraeg' yn adfer y Gymraeg i'w phriod le yn hanes cymunedau diwydiannol de-ddwyrain Cymru. Tan yn ddiweddar, ceisiodd haneswyr 'ffeithiol' a 'diduedd' Iwerddon ymgadw rhag trafod arwyddocâd y Newyn Mawr ac o ganlyniad llesteiriwyd datblygiad hanesyddiaeth y wlad. Bydd raid i ninnau yng Nghymru fod yn wyliadwrus rhag i'r dasg o olrhain traddodiad Cymraeg a Chymreig trigolion cymoedd de Cymru syrthio'n gyfan gwbl i ddwylo haneswyr sy'n ceisio celu neu ddwyn rhan annatod o fodolaeth ac etifeddiaeth y bobl hynny oddi arnynt.

Carwn ddiolch i Huw Walters am baratoi rhestr o'r ysgrifau a gyhoeddwyd hyd yn hyn yn y gyfres hon, a llawenhawn yn y ffaith fod trawstoriad mor eang o haneswyr wedi cyfoethogi hanes ein gwlad.

Hoffwn fanteisio ar y cyfle hwn hefyd i fynegi fy niolch i Aeres Bowen Davies, Dyfed Elis-Gruffydd, Glenys Howells a Dewi Morris Jones am gynnal fy mreichiau mor effeithlon, ac i gydnabod hefyd gydweithrediad parod y Cyngor Llyfrau Cymraeg a Gwasg Gomer. Mae'n galondid gwybod bod y rhai sy'n fy nghynorthwyo yn teimlo eu bod yn cynnal rhywbeth o werth parhaol i'n bywyd cenedlaethol.

Gŵyl Owain Glyndŵr, 1995 *Geraint H. Jenkins*

Y Cyfranwyr

Mrs GLENDA CARR, Cyfieithydd Academaidd, Prifysgol Cymru Bangor.

Dr DAFYDD ARTHUR JONES, Darlithydd, Yr Adran Hanes, Coleg y Drindod, Caerfyrddin. .

Dr CERIDWEN LLOYD-MORGAN, Archifydd Cynorthwyol, Adran y Llawysgrifau a Chofysgrifau, Llyfrgell Genedlaethol Cymru, Aberystwyth.

Mr DENNIS THOMAS, Darlithydd, Adran Economeg, Prifysgol Cymru Aberystwyth.

Yr Athro GWYN THOMAS, Pennaeth Adran y Gymraeg, Prifysgol Cymru Bangor.

Dr HUW WALTERS, Llyfrgellydd Cynorthwyol, Llyfrgell Genedlaethol Cymru, Aberystwyth.

Ms MARI A. WILLIAMS, Cymrawd Ymchwil, Canolfan Uwchefrydiau Cymreig a Cheltaidd Prifysgol Cymru.

Dymuna'r golygydd a'r cyhoeddwyr ddiolch i'r canlynol am ganiatâd i atgynhyrchu'r lluniau hyn:

Corfforaeth Ystadau Masnach Cymru: Rhif 31.
Cwmni Cynhyrchu Ceir Toyota (UK): Rhif 35.
Forhistorik Museum, Hojberg, Denmarc: Rhif 4.
Geraint Vaughan Jones: Rhif 5.
Graham Humphrys: Rhif 32.
Gwasg Prifysgol Cymru: Rhif 18.
John Meirion Morris: Rhif 2.
Llyfrgell Genedlaethol Cymru: Wyneb-lun; Rhifau 1, 7, 8, 9, 10, 11, 12, 13, 14, 15, 16, 17, 19, 20, 21, 22, 23, 24, 26, 29.
Llyfrgell Luniau Ton-du: Rhif 34.
Llyfrgell Lluniau Gwyddoniaeth a Chymdeithas, Llundain: Rhifau 27, 28.
Llyfrgell y Blaid Lafur, Llundain: Rhif 30.
Musée Alésia, Alise-Sainte-Reine: Rhif 6.
Musée Granet, Aix-en-Provence: Rhif 3.
Peter O'Sullivan: Rhif 36.
Undeb Amaethwyr Cymru: Rhif 33.
Western Mail: Rhif 25.

PEDAIR CAINC Y MABINOGI

Gwyn Thomas

'Moes yw gennym ni, Arglwydd', eb y Gwydion, 'y nos gyntaf y deler at ŵr mawr, ddywedyd o'r pencerdd. Mi a ddywedaf gyfarwyddyd yn llawen.'

Pedeir Keinc y Mabinogi

Pedair Cainc y Mabinogi yw'r dyrnaid enwocaf un o chwedlau Cymraeg yr Oesoedd Canol, a'r gorau un hefyd, ym marn llawer. Y mae'n rhan o ddyletswydd rhywun i nodi, yn fformiwlaig bellach, fod copïau cyflawn o'r chwedlau hyn i'w cael mewn dwy brif lawysgrif, sef Llyfr Gwyn Rhydderch (hanner cyntaf y bedwaredd ganrif ar ddeg) a Llyfr Coch Hergest (tua thro'r bedwaredd ganrif ar ddeg). Y mae darnau hŷn o'r testun i'w cael yn llawysgrif Peniarth 6. Y mae golygiad meistraidd Ifor Williams o'r testun *Pedeir Keinc y Mabinogi,* a argraffwyd gyntaf ym 1930, yn dal yn safonol. At destun yr ail argraffiad o hwnnw, 1951, y byddir yn cyfeirio yn y sylwadau hyn, eithr gan ddiweddaru'r orgraff. (Fe nodir cyfeiriadau at y testun hwnnw gyda rhif tudalen, a nodir y gainc gydag M a rhif y gainc 1, 2, 3 neu 4.)

Yr ystyr fwyaf tebygol i 'Mabinogi', yn wreiddiol, yw 'ieuenctid'; yna datblygodd y gair i olygu 'chwedl mabolaeth', ac yna daeth y gair i olygu 'chwedl'. Mewn dwy o'r ceinciau ceir 'chwedl mabolaeth', sef y gyntaf, lle ceir stori mabolaeth Pryderi, a'r bedwaredd, lle ceir stori mabolaeth Lleu. Ond nid oes stori mabolaeth yn yr ail na'r drydedd gainc—onid ystyrir fod y cyfeiriad byr at Gwern, fab Branwen, yn yr ail gainc yn stori o'r fath, a chynaeafu mewn brwyn yw hynny. Awgrym Ifor Williams oedd i'r teitl 'Mabinogi' lynu wrth y Pedair Cainc 'oherwydd traddodiad Dyfed a fynnai edrych ar y cyfarwyddyd hir fel ymhelaethiad ar fabinogi Pryderi'. Ar ddiwedd y drydedd gainc, ar ôl cyfeiriad at garcharu Pryderi a Rhiannon dan amodau arbennig, ceir y geiriau hyn:

> Ac o achos y carchar hwnnw, y gelwid y cyfarwyddyd hwnnw, Mabinogi Mynwair a Mynordd (65.M3)

Felly y mae chwedl arall y mae'r awdur yn ei galw yn 'fabinogi'—yn hytrach, sylwer, na chainc o fabinogi. Ond y mae'n ystyried yr hyn sydd yn ei destun yn un chwedl fawr ac iddi geinciau. Y mae'r gair 'cainc' yn llythrennol yn golygu cangen o goeden. Datblygodd i olygu rhan o ryw gyfangorff mwy. Ar ddiwedd pob chwedl ceir geiriau fel, 'Ac felly y terfyna y gainc hon o'r Mabinogi' (27, 48, 65, 92).

Beth sy'n gwneud cyfanwaith o'r rhannau? Nid yw syniad W. J. Gruffydd yn *Math vab Mathonwy* (1928) fod yn y testun bedair rhan yn cyfateb i batrwm chwedlau arwrol Iwerddon, a bod yma hanes cenhedlu, mabolaeth, carcharu, a marw arwr, sef Pryderi, yn gweddu i'r hyn sydd gennym. Y mae'n wir ei fod yn cael ei genhedlu yn y gainc gyntaf a bod rhywfaint o sôn am ei blentyndod yno. Yn yr ail gainc y mae'n un o'r gwŷr a aeth i Iwerddon gyda Bendigeidfran ac yn un o'r seithwyr a ddaeth oddi yno yn fyw (44.M2), gyda Manawydan. Anamlwg iawn yw yn y gainc, ond y mae'r cyswllt rhyngddo a Manawydan wedi ei sefydlu, ac y mae iddo ran—eithr nid yr un amlycaf—yn y drydedd gainc. Cawn sôn amdano yn ei lys ac mewn brwydro, lle y lleddir ef, yn y bedwaredd gainc. Nid yw'n gymeriad o bwys mawr yn yr un o'r ceinciau, er bod iddo ei ran yn natblygiad tair ohonynt, sef y gyntaf, y drydedd, a'r bedwaredd, a'i fod yn ddolen gyswllt rhwng yr ail a'r drydedd.

Fel y nodwyd, os yw pob chwedl yn gainc, neu ran, yna y mae'n rhaid fod yr awdur yn synied am y pedair fel un stori neu, o leiaf, yn rhannau o rywbeth mwy. A yw Pedair Cainc y Mabinogi yn un cyfanwaith? Y mae cysylltiad storïol rhwng y gainc gyntaf, y drydedd a'r bedwaredd. Dyma a olygir: y mae digwyddiadau yn y gyntaf yn arwain at ddigwyddiadau yn y drydedd a'r bedwaredd, ac y mae rhai o'r cymeriadau sy'n ymwneud â'r digwyddiadau hynny i'w cael o'r naill gainc i'r llall. Presenoldeb Pryderi, a Phendaran Dyfed, o bosibl, yw'r unig gyswllt rhwng yr ail gainc a'r gyntaf. Presenoldeb Pryderi a Manawydan, a goresgyn Ynys y Cedyrn gan Gaswallon, yw'r unig gyswllt rhwng yr ail a'r drydedd. A fyddai unrhyw un o'r ceinciau'n annealladwy o'i darllen ar ei phen ei hun? Na fyddai. O ran adeiladwaith, undod go lac sydd i'r ceinciau.

A oes unrhyw fath arall o undod iddynt? Awgrymir fod tebygrwydd agwedd i'w weld rhwng y naill chwedl a'r llall; bod tebygrwydd rhwng y pynciau y mae'r awdur yn cael ei

Pwyll pendeuic dyuet
a oed yn arglwyd ar seith
cantref dyuet. a threig
ylgweith yd oed yn arberth
prif lys idaw a dyuot yn y
uryt ac yn y uedwl uynet
y hela. Sef kyuer o'y gyuoeth
a uynnei y hela glynn cuch.
Ac ef a gychwynnwys y nos
honno o arberth ac a doeth hyt
ym penn llwyn diarwya. Ac
yno y bu y nos honno. A thr
annoeth yn ieuenctit y dyd
kyuodi a oruc a dyuot y lynn
cuch i ellwng y cwn dan y coet.
A chanu y gorn a dechreu dy
gyuor yr hela. a cherdet yn
ol y cwn ac ymgolli a'y gyd
ymdeithon. Ac ual y byd yn
ymwarandaw a llef yr erchw
ys. ef a glywei llef erchwys
arall. ac nit oedynt unllef.
a hynny yn dyuot yn erbyn
y erchwys ef. Ac ef a welei la
nnerch yn y coet o uaes gw
astat. ac ual yd oed y erchwys
ef yn ymgael ac ystlys y llan
nerch ef a welei carw o ulaen
yr erchwys arall. a pharth a
pherued y llannerch llyma
yr erchwys a oed yn y ol yn
ymordiwes ac ef. ac yn y uwrw
yr llawr. ac yna edrych o hon
aw ef ar liw yr erchwys heb
hanbwyllaw edrych ar y carw.
Ac o'r a welsei ef o helgwn y byt.
ny welsei cwn un lliw ac wynt.
Sef lliw oed arnunt claerwyn

llathrei ac eu clusteu yn
gochyon. Ac ual y llathrei
wynnet y cwn y llathrei [illegible]
chet y clusteu. Ac ar hynny
at y cwn y doeth ef. [illegible]
yr erchwys a lad ysser y carw
ymdeith a llithyaw y erchw
ys e hunan ar y carw. Ac ual
y byd yn llithiaw y cwn. ef a
welei uarchawc yn dyuot
yn ol yr erchwys [illegible]
erchlas mawr. A chorn [illegible]
am y uynwgyl. a gwisc [illegible]
thyn llwyt tei amdan[illegible]
yn wisc hela. Ac ar h[illegible]
y marchawc a doet[illegible]
a dywedut ua[illegible]
A unben heb ef [illegible]
wyti ac ny chy[illegible]
it. Je heb ef ac a[illegible]
arnat o anryded [illegible]
hyei. Dioer heb e[illegible]
teilyngdawt uy anryded a'm
etteil am hynny. A unb[illegible]
heb ynteu beth amge[illegible]
Y rof i a Duw heb ynteu dy
anwybot dy hun a'th anghy
uarwyd[illegible] [illegible]
wen a welei ti arnaf [illegible]
welais anghywrwyd [illegible]
wr heb ef no gyrru yr er
wys a ladyssei y carw ymd
eith. a llithiaw dy erchwys
dy hunan arnaw. hynny y heb
ef anghywrwyd oed. a chyn
nyt ymdialwyf a thi
a Duw heb ef mi a wn
anglot it gwerth [illegible]

1 Dechrau'r gainc gyntaf—chwedl Pwyll Pendefig Dyfed—yn Llyfr Gwyn Rhydderch (Peniarth LLS.4B).

dynnu i'w trafod (natur cyfeillgarwch, cariad mewn priodas, yr iawn y mae'n rhaid ei dalu am ddrwg, pa fodd y mae pwerau hud yn gallu dylanwadu ar rawd gwŷr a gwragedd) yn y ceinciau, a bod nodweddion un arddull i'w gweld drwy-ddynt. Mewn gair, yr hyn a honnir yw mai personoliaeth yr awdur sy'n gwneud cyfanwaith o'r Pedair Cainc.

Ar ôl y fformiwla gyntaf, wele ail un, sef bod cyfnod llunio'r ceinciau yn gynharach nag oed eu hysgrifennu. Ar sail orgraff y testun (yn enwedig rai darnau ohono), geirfa,a manylion hanesyddol, bernir i'r ceinciau gael eu llunio ryw ben yn ail hanner yr unfed ganrif ar ddeg. Ond yr oeddynt, fe nodir, wedi cael eu hadrodd, ar ryw lun, am hydoedd cyn hynny yn llysoedd y Cymry.

Sut y gwyddom ni eu bod wedi cael eu hadrodd, eu bod yn storïau llafar cyn iddynt gael eu hysgrifennu, achos geiriau darfodedig yn y gwynt yw geiriau llafar? Am fod yna gyfeir-iadau yn y ceinciau eu hunain a thestunau eraill at ddweud straeon mewn llysoedd. Yn wir, byd llys a gyflwynir inni yn y Mabinogi, a cheir eithaf amcan o fywyd llys yn y ceinciau. Y lle pwysicaf yn y llys oedd y neuadd. Pan wneir Dyfed yn anghyfannedd yn chwedl 'Manawydan', daw'r pedwar sydd ar ôl i archwilio'r llys, fel hyn:

> Dyfod i'r neuadd a wnaethant; nid oedd neb. Cyrchu yr ystafell a'r hundy [lle cysgu]; ni welynt neb. Ym medd-gell, nac yng nghegin, nid oedd namyn diffeithwch. (52.M3)

Dyna inni gip ar brif ystafelloedd y llys. Ond at y neuadd y cyfeirir amlaf. Yr oedd gwledd yn y neuadd yn achlysur tra phwysig, gwledd gyda'r nos—canys fe ddywedir fwy nag unwaith wrth sôn am wledda:

> A phan welsant fod yn well iddynt gymryd hun [cwsg] na dilid [dilyn] cyfeddach, i gysgu ydd aethant. (31.M2)

Fe demtir rhywun i feddwl fod, hefyd, wledda yn ystod y dydd. O leiaf, ar ôl 'bwyta' y mae hi'n ddigon golau i Bwyll a'i gwmni fynd i ben Gorsedd Arberth a threulio cryn amser yno; ond gyda'r nos yr â Pryderi, Cigfa, Rhiannon a Manawydan i ben yr un orsedd ar ôl bwyta (51.M3). Ar gyfer gwledd yr oedd yn rhaid 'cyweirio y neuadd' (13.M1); yr oedd trefn arbennig i eistedd wrth y bordau, a nodir hyn fwy nag unwaith:

> Sef fel ydd eisteddasant, Hefeydd Hen ar naill law Pwyll, a Rhiannon o'r parth [ochr] arall iddo; i am hynny [wedyn] pawb fel y bai ei anrhydedd. (13.M1)

Sonnir am fwy nag un eisteddiad, achos fe gyfeirir at 'y bwyta cyntaf' (9.M1). Cyfeirir, hefyd, at y gwasanaethyddion yn bwyta ar ôl gwyrda'r llys:

> A gwedi y bwyta cyntaf y nos honno, tra fai y gwasanaethwyr yn bwyta, cyfodi allan a orugant [wnaethant], a chyrchu Gorsedd Arberth a wnaethant . . . (51.M3)

Yr oedd cryn brisio ar ansawdd y bwyd a sut lestri a ddefnyddid:

> llyna [dyna] y llys diwallaf [llawnaf] o fwyd a llyn [diod], ac eur lestri, a theyrn dlysau [tlysau brenhinol]. (4.M1)

Wrth fwyta byddid yn ymddiddan. Ar ôl bwyta byddai'r 'gyfeddach' yn dechrau:

> A phan wybu eu bod ar ddechrau cyfeddach wedi bwyta, dyfod rhagddo i'r neuadd . . . (16.M1)

Fel yr awgryma'r dyfyniad bach hwn, yr oedd dechrau cyfeddach yn amser pwysig. Dyma'r amser i 'beri dodi gosteg' (18.M1) ac i 'lonyddu eirchaid a cherddorion' (17.M1), sef peri distawrwydd a bodloni'r cerddorion a'r rhai a ofynnai am anrhegion. Y mae'n amlwg fod rhoddi yn hael yn rhinwedd mawr—canmolir Rhiannon a Branwen am eu haelioni, mewn geiriau tebyg i'w gilydd:

> Na gŵr na gwraig . . . nid edewis [adawodd] Rhiannon, heb roddi rhodd enwog iddo, ai o gae [broitj], ai o fodrwy, ai o faen gwerthfawr. (19.M1)

> Ni ddoi ŵr mawr, na gwraig dda yn Iwerddon, i ymweled â Branwen, ni [na] roddai hi ai cae, ai modrwy, ai teyrndlws cadwedig [tlws brenhinol a oedd wedi ei gadw'n arbennig cyn hyn] iddo. (37.M2)

Ar ôl gwledd, yn ystod y gyfeddach, y disgwylid i'r beirdd a'r chwedleuwyr ddiddanu'r llys. Ymrithia Gwydion a'i frawd Gilfaethwy a deg arall fel beirdd a mynd i lys Pryderi yn Rhuddlan Teifi. Sylwer fod deuddeg ohonynt—a oedd croesawu cwmni o feirdd fel hyn i lysoedd y tywysogion yn arferol? Caiff y rhain groeso. Yna daw pwt o'r Mabinogi sydd yn hydraul ddyfynedig:

> Ar naill law Pryderi y gosoded Gwydion y nos honno. 'Ie', eb y Pryderi, 'da yw gennym ni gael cyfarwyddyd [chwedl] gan rai o'r gwreinc [gwŷr ieuainc] acw.'
>
> 'Moes yw gennym ni [ein harfer ni], Arglwydd', ebe Gwydion, 'y nos gyntaf y deler at ŵr mawr, ddywedyd o'r pencerdd. Mi a ddywedaf gyfarwyddyd yn llawen.' (69.M4)

Deuant fel beirdd, a gofynnir iddynt am chwedl—dyna awgrym digon clir fod y beirdd yn chwedleuwyr. Y mae Pryderi yn disgwyl 'cyfarwyddyd', sef chwedl, gan y beirdd ifainc, sef, efallai, prentis-feirdd. Ai dyna'r arfer yn y De? Y mae Gwydion yn dweud mai eu harfer hwy, fel Gogleddwyr, yw i'r pencerdd, y prif grefftwr neu brifardd, ddweud chwedl gyntaf. Y mae adrodd cyfarwyddyd, felly, yn gallu bod yn waith y prif feirdd yn ôl arfer y Gogledd. Ond a yw Gwydion yn dweud hyn o fwriad ystrywgar? Sut bynnag yr ydym i slywenna ein ffordd trwy'r dyfyniad hwn y mae un awgrym sicr—yr oedd beirdd yn adrodd chwedlau. Cadarnheir hyn gan ddarn arall o'r Mabinogi. Y tro hwn daw Gwydion a Lleu i gaer Arianrhod fel beirdd o Forgannwg:

> Gwedi darfod y bwyta, ymddiddan a wnaeth hi â Gwydion am chwedlau a chyfarwyddyd. Yntau Wydion cyfarwydd da oedd. (82.M4)

Y mae Arianrhod yn disgwyl i feirdd wybod am gyfarwyddyd. Ar ôl sgwrsio am y pwnc, yr awgrym yma yw fod Gwydion wedi adrodd chwedlau. Heblaw chwedlau, fel y cyfryw, y mae lle pwysig iawn i ymddiddan, i sgwrsio, mewn llys ac ar wledd.

A adroddwyd yr hyn sydd wedi ei gadw o'r Pedair Cainc ar ôl gwledd ryw dro? Do, fe ddichon, ar ryw ffurf. Cyfeirir yn niwedd y bedwaredd gainc at yr hyn a 'ddyweid y cyfarwyddyd' (92.M4), peth sy'n awgrymu fod awdur y Pedair Cainc yn gyfarwydd â rhyw ffurf ar ei stori. Ond nid yr union ffurf honno (ac y mae'n fwy na thebyg fod, ar un adeg, fwy nag un ffurf ar y 'cyfarwyddyd') sydd wedi goroesi. Ni ellid disgwyl i unrhyw gyfarwydd neu chwedleuwr ddweud pethau fel, 'a ddywedasam uchod' (31.M2) neu 'a ddywedasam ni uchod' (49.M4). Y mae'r hyn a ddywedir yma yn wahanol i'r hyn a geir yn 'a'r nifer a ddywedasam ni' (39.M2) mewn man arall. Gallai'r diwethaf ddigwydd wrth ddweud stori, ond nid oes i 'uchod' ddim ystyr ar lafar—'o'r blaen' neu 'yn gynharach' a ddywedid. Felly dyma inni rywun (neu a ddylem ni ddweud 'rhywrai' gan mai 'ddywedasam *ni*' a nodwyd?) yn ysgrifennu'r chwedlau.

Y mae ysgolheigion wedi bod wrthi ers tro yn ceisio nodi beth yw'r cysylltiad rhwng chwedl lafar a ffurf ysgrifenedig arni. Lle y mae traddodiad o chwedleua llafar byw, a lle y mae fersiynau ysgrifenedig o'r chwedlau hynny ar gael, gellir gofyn cwestiynau fel: Sut yr adroddir chwedl? A oes un ffurf sefydledig neu amryw fersiynau ar y chwedl lafar? Sut y mae chwedleuwr yn ymateb i'w gynulleidfa ac a yw'n addasu ei chwedl yn ôl ei hymateb? Pwy a ysgrifennodd y chwedl; ai chwedleuwr llythrennog ynteu rywun arall? A ysgrifennir fersiwn ar y chwedl yn llawn, neu a ddaw newidiadau wrth drosglwyddo o'r llafar i lyfr?

Nid oes gennym fersiynau llafar o'r Mabinogi i gymharu'r

fersiwn ysgrifenedig â hwy. Ymhellach, pethau diweddar iawn yw peiriannau recordio sy'n hwyluso cofnodi chwedl lafar. Ond o astudiaethau diweddar fe ddaw rhai o nodweddion cyffredinol chwedlau llafar yn gliriach. Gwelwyd fod mewn chwedlau llafar 'fformiwlâu', sef nifer o eiriau sy'n tueddu i gael eu hailadrodd yma ac acw—rhywbeth tebyg i 'Un tro, amser maith yn ôl . . .' fel dechrau stori, neu'r hen, bron anghofiedig ymadroddion a geid ar weddi o'r frest, fel 'Golyga ni'n gymeradwy ger Dy fron'. Byddai 'a pha hyd bynnag y byddynt ar y ffordd, wynt a ddoethant i Ddyfed' (50.M3), a 'By hyd bynnag y buant ar y ffordd, wynt a ddoethant i Ddyfed' (55.M3) yn enghreifftiau—lle na fyddai 'yn ieuenctid y dydd' (18.M1 a 81.M4) am mai dywediad neu briod-ddull tebyg i 'ar lasiad y dydd' oedd hwnnw.

Gwelwyd fod hefyd 'topoi', sef syniadau cyffredinol go gyffelyb i'w gilydd, yn digwydd droeon mewn chwedlau llafar. Y mae'r syniad, cyffredin mewn straeon, fod pobl yn 'byw yn hapus am byth wedyn' yn topos (yn ogystal â bod yn fformiwla o ran geiriad). Yn y Mabinogi byddai fod merch yn aml yn ferch brydferthaf y byd neu yn ei hamser yn enghraifft o topos: 'A honno tecaf morwyn oedd yn ei hoes o'r a wyddid yno' (67.M4). Byddai nodi fod arwr yn tyfu a grymuso ynghynt na bechgyn cyffredin yn enghraifft arall—'A chyn ei flwydd ydd oed yn cerdded yn gryf, a breisgach [mwy] oedd no mab teir blwydd, a fai fawr ei dwf a'i faint' (23.M1).

Y mae dau air arall a ddefnyddir yn fynych gan rai a fu'n astudio'r Mabinogi, sef 'motiff' a 'teip'. Geiriau o astudiaethau llên gwerin ydynt. Cesglir manylion o bob math o chwedlau a'u dosbarthu, yn ôl eu tebygrwydd i'w gilydd, yn deipiau a motiffau, gan anelu at gyrraedd rhyw fan cychwyn hanesyddol tebygol i chwedlau neu ddarnau ohonynt. Dywedir fod 'Pwyll' a 'Rhiannon' yn enghreifftiau o'r teip *Y Wraig a Enllibiwyd* neu fod 'Manawydan' yn esiampl o'r teip *Chwedl Eustace*, sef fersiwn cynnar Ewropeaidd o hanes dyn sy'n colli ei eiddo am gyfnod maith ac yna yn ei gael yn ôl drachefn. (Y mae llawer o fotiffau a theipiau eraill hefyd yr ymdrechir i'w cysylltu â'r Pedair Cainc.) Y mae'r dull hwn o ryw fudd i astudwyr llên gwerin, mae'n debyg, gan fod yna godi awgrymiadau o'r naill stori i'r llall, ond y mae ganddo anfanteision dirfawr wrth geisio astudio'r Mabinogi. Y duedd yw synied am yr awdur fel rhywun efo basged yn hel iddi wahanol fotiffau a theipiau, gan gybotjian teipiau a motiffau yma ac acw. Beirniadwyd y synied hwn gan Patrick K. Ford yn ei *Ystoria Taliesin* (1992). Y mae yn llygad ei le. Y mae'r synied hwn wedi fy nharo innau ers blynyddoedd fel un tra anfoddhaol i astudio'r Pedair Cainc. Meddyliwch, mewn difrif, am rywun yn llunio mynegeion o fotiffau a theipiau yn y nofel fodern ac yn defnyddio'r rheini fel rhyw fath o gymorth i astudio nofel arbennig. Fe fyddai'n draed moch. Y mae gwahaniaethau rhwng chwedlau llafar a nofelau diweddar, mae'n wir, ond nid digon i fynd ati i ystyried awdur y Pedair Cainc fel rhywun sy'n gweithio jig-so. Y testun sydd gennym yw'r gwaith terfynol, a'r peth doethaf i'w wneud yw edrych arno fel ag y mae ac nid fel sglodion o lên gwerin, neu ddyfalu sut y dylai fod, neu y gallai fod.

Ceir hefyd yn y Mabinogi nodwedd lafar yr ydym ni i gyd yn gyfarwydd â hi mewn 'jangl', fel y dywedir, sef y 'me[ddaf] fi' a'r 'me[ddai] o' neu 'hi' mynych:

> 'Wel, wel', me' fi, 'a sut 'dach chi'n gwbod?'
> 'Eu gweld nhw', me' hi, 'cyn sicred â 'mod i'n sefyll yn fan'ma.'
> 'Wel pwy 'sa'n meddwl', me' fi.

Wele enghraifft o'r Mabinogi:

> 'Ie, Arglwydd', ebe hi, 'pa ryw wisg ysydd am y mab?'
> 'Llen o bali [sidan]', eb yntau.
> 'Mab i ddynion mwyn [pobl fawr] yw', ebe hi. (23.M1)

Y mae'r awdurdod mawr hwnnw ar chwedlau gwerin a chwedlau llafar, J. H. Delargy, yn nodi fod rhai a'u hystyriai eu hunain yn chwedleuwyr yn y traddodiad yn ein canrif ni yn gallu cofio chwedlau meithion yn fanwl; yn wir, bod eu crefft yn hyfforddi eu cof fel y gallent ailadrodd chwedl fwy neu lai air am air ar ôl ei chlywed unwaith. Ai felly yr oedd hi gyda'n cyfarwyddiaid yn yr Oesoedd Canol? Go brin, yn fy marn i. Yr wyf wedi clywed yr un bregeth ar wahanol achlysuron gan yr un pregethwr ac, yn fy mhrofiad i, nid yw byth yn union yr un fath. Nid yw tystiolaeth o'r fath yn amherthnasol—os yw un yn derbyn tystiolaeth am draddodiad llafar Serbaidd neu Indiaidd fel un lled berthnasol i'r Pedair Cainc, y mae traddodiad llafar pregethu yng Nghymru hefyd yn werth ei ystyried (er bod ynddo elfennau ysgrifenedig). Ond yr wyf wedi crybwyll y dystiolaeth bwysicaf ar y mater hwn yn y gyfrol *Llenyddiaeth y Cymry, Cyflwyniad Darluniadol* (1985); y mae'n dod o ddiwedd chwedl 'Branwen'. Y mae'r awdur fel pe'n bwrw golwg dros bennau (gair o fyd y bregeth eto) ei chwedl: nodir y pennau yn y dyfyniad isod â phrif lythrennau a gosodwyd hwy y naill dan y llall:

> A llyna [dyna] fel y terfyna y gainc hon o'r Mabiniogi [sic], o achos
> PALFAWD [bonclust] BRANWEN, yr hon a fu trydedd anfad [drwg] balfawd yn yr ynys hon;
> ac o achos YSBADDAWD [gwledd/lle i wledda] FRÂN, pan aeth nifer pedair dengwlad a seithugain i Iwerddon, i ddial Palfawd Branwen;
> ac am y GINIO YN HARDDLECH saith mlynedd;
> ac am GINIO ADAR RHIANNON,
> ac am YSBYDDAWD BEN pedwarugain mlynedd. (48.M2)

Nododd yr awdur, cyn hyn, deitl y pen olaf fel YSBYDDAWD URDDOL BEN (47.M2), amrywiad bychan. Nododd, hefyd, mai YSBYDDAWD FRANWEN A MATHOLWCH oedd y myned i Iwerddon (47.M2). Ymddengys i mi mai cofio pennau fel hyn a wnâi awdur y Pedair Cainc. Nid yw'n annhebygol mai fel hyn y cofiai'r cyfarwyddiaid eu chwedlau ychwaith. Fe welir fod yr awdur yn cyfeirio at Balfawd

2 'Bendigeidfran—llidiawg yw': rhan uchaf o gerflun gan John Meirion Morris.

Branwen fel un o dair. Dyma un dystiolaeth (ac y mae amryw eraill) ei fod yn gwybod am Drioedd Ynys Prydain, lle y rhestrir digwyddiadau cyffelyb o wahanol chwedlau fesul tri i hwyluso eu cofio. Yn y Trioedd, fel hyn y cofnodir Palfawd Branwen—a sylwer fod awdur y Pedair Cainc yn defnyddio'r gair 'palfawd' yma, fel y Triawd, lle y defnyddia 'bonclust' yng nghorff y stori (37.M2):

> (Tair Chwith Balfawd Ynys) Prydain:
> Un onaddunt [ohonynt] a drewis [drawodd] Matholwch Wyddel ar Franwen ferch Lyr;
> A'r ail a drewis Gwenhwyfach ar Wenhwyfar. Ac o achos hynny y bu Waith [brwydr] Cad Gamlan gwedi hynny;
> A'r drydedd a drewis Golydan Fawr ar Gadwaladr Fendigaid.

Y mae'r gair 'awdur' wedi cael ei ddefnyddio am ysgrifennwr y Pedair Cainc yn y truth hwn yn barod. Uchod, nodwyd yr

3 Pedwar pen o deml Geltaidd Entremont (Bouches-du-Rhône).

awgrym mai un awdur sydd, a bod ei farc ar y Pedair Cainc. Ai un awdur sydd yma? Cyfeiriwyd yn barod at y rhagenw 'ni' a ddefnyddir yn y straeon—ond defnydd llac yw hwnnw, mae'n debyg. Fe ellid rhoi prawf ystadegol ar arddull y Pedair Cainc i geisio gweld a oes ynddi'r cysondeb y mae rhai wedi ei weld o'r naill gainc i'r llall. Nid wyf wedi gwneud hynny. Y mae rhai nodweddion yn eu datgelu eu hunain yn y chwedlau. Os oedd tafodieithoedd y De a'r Gogledd yn yr Oesoedd Canol rywbeth yn debyg i'r hyn ydynt yn awr, yna deheuwr oedd yr awdur—y mae ffurfiau trydydd person, gorffennol y berfau yn fynych yn awgrymu hynny: *canlynwys* (3.M1), *diengis* (36.M2), *digiwys* (53.M3), *synwys* (85.M4). Y mae hefyd yn ysgrifennu rhai pethau eraill deheuol: 'y ginio' (48.M2), meddai, gan drin yr enw fel un benywaidd ei genedl; y mae'n sôn am 'deulu' fel 'tylwyth' (88.M4), ac yn dweud 'oddiyna i maes' (88.M4). Y mae fel pe'n esgusodi Pryderi am iddo gael ei orchfygu gan Wydion trwy nodi fod hwnnw wedi defnyddio 'hud a lledrith' (73.M4) ac, fel y nodwyd droeon, y mae fel pe'n dangos cydymdeimlad â gwŷr y De ar ôl eu colledion mewn brwydr yn y Gogledd:

> Gwŷr y Deau a gerddasant ag argan [chwynfan] druan ganddynt parth ag eu gwlad, ac nid oedd ryfedd; eu harglwydd a gollasent, a llawer og eu goreugwyr, ac eu meirch, ac eu harfau can mwyaf. (73.M4)

Ond os oes cydymdeimlad yma, y mae'n portreadu cymeriadau'r Gogledd gyda llawn cymaint o degwch â rhai'r De. Er hyn, fe allwn honni y gallai'r awdur fod yn un o'r De.

Yr oedd yn sicr yn ŵr a wyddai am y llys yn gyffredinol. Gallwn ddweud hyn am fod cynifer o gyfeiriadau yn y Pedair Cainc at lysoedd a'u harferion. Nodwyd uchod fod yr awdur yn gyfarwydd â'r Trioedd: y mae hyn yn ei alluogi i groesgyfeirio o un cymeriad neu ddigwyddiad at rai eraill. Yr awgrym yw fod ganddo gryn wybodaeth am gyfarwyddyd. Digon, efallai, iddo fod yn gyfarwydd ei hun. Un o'r pethau sy'n tynnu'n groes i hyn, o bosibl, yw'r ffaith ei fod yn tueddu i wthio ei wybodaeth fel ei bod yn tarfu ar ei stori yma ac acw. Y mae dwy enghraifft anesmwyth iawn o hyn yn y ceinciau. Yr enghraifft gyntaf yw esboniad Matholwch, brenin Iwerddon, i negeswyr Bendigeidfran pam y gadawodd lys hwnnw heb ganiatâd, gan dorri rheolau syberwyd:

> Rhoddi Bronwen [sic] ferch Lyr im, yn drydedd prif rieni [un o dair prif rieni] yr ynys hon, ac yn ferch i frenin Ynys y Cedyrn . . . (32.M2)

Y mae'r awdur yn rhagflaenu ei stori gyda'i wybodaeth yma: fe elwir Branwen yn rhiant cyn ei bod wedi esgor ar blentyn. Yr ail enghraifft yw'r hyn a ddywed Pryderi wrth Fanawydan:

> 'Arglwydd', eb y Pryderi, 'na fid cyn drymed [tristed] gennyt â hynny. Dy gefnderw ysydd frenin yn Ynys y Cedyrn; a chyn gwnel [er iddo fod wedi gwneud] camau it . . . ni buost hawlwr tir na daear erioed. Trydydd lleddf [yn gwyro; gostyngedig] unben wyt.' (49.M3)

Y mae'r dosbarthiad wedi dod yn rhan o'r cyfarchiad yma. Go brin y byddai cyfarwydd â'i fryd ar adrodd ei stori yn ddethau yn debyg o wneud pethau fel hyn. Y mae'r awdur fel pe bai'n mynnu rhoi ei droednodiadau yn ei waith, sef tuedd ysgolheigaidd yn hytrach nag un artistig. Y peth diogelaf, felly, yw dweud mai gŵr llys sy'n gwybod yn dda iawn am gyfarwyddyd ydyw.

Awgrymwyd, yn betrus, mai un ai Sulien neu ei fab Rhygyfarch oedd yr awdur. Clerigwyr o'r unfed ganrif ar ddeg oedd y rhain, ysgolheigion doeth. A ellid disgwyl i glerigwyr—a'r hynaf yn esgob Tyddewi—ganiatáu i bwerau Annwn ymrithio fel eglwyswyr, fel y gwneir yn 'Manawydan' (61-63), sydd gwestiwn. Eithr y mae'r awdur yn Gristion o ran ei agwedd at bethau.

Y mae'n amlwg fod yr awdur yn synio am Brydain fel Ynys y Cedyrn, fel rhyw fath o undod tiriogaethol dan un prif frenin, fel Bendigeidfran, 'a oedd frenin coronog ar yr ynys hon' (29.M2). I fynd i ryfel y mae'n gallu 'dygyforiaw [hel at ei gilydd] yr ynys hon i gyd' (38.M2), a rhai a wysiwyd o 'bedair dengwlad a seithugain' (38.M2) yn dod ato. Yr oedd cyfnod ei chwedlau ymhell yn ôl, digon pell fel nad oedd ond dwy afon rhwng Cymru ac Iwerddon, cyn i'r weilgi oresgyn teyrnasoedd (39.M2). Yma, eto, y mae'r awdur fel pe'n gwybod am storïau am orlifiadau, fel y stori am Gantre'r Gwaelod. Y mae'n gyfnod sy'n bedyddio mewn modd

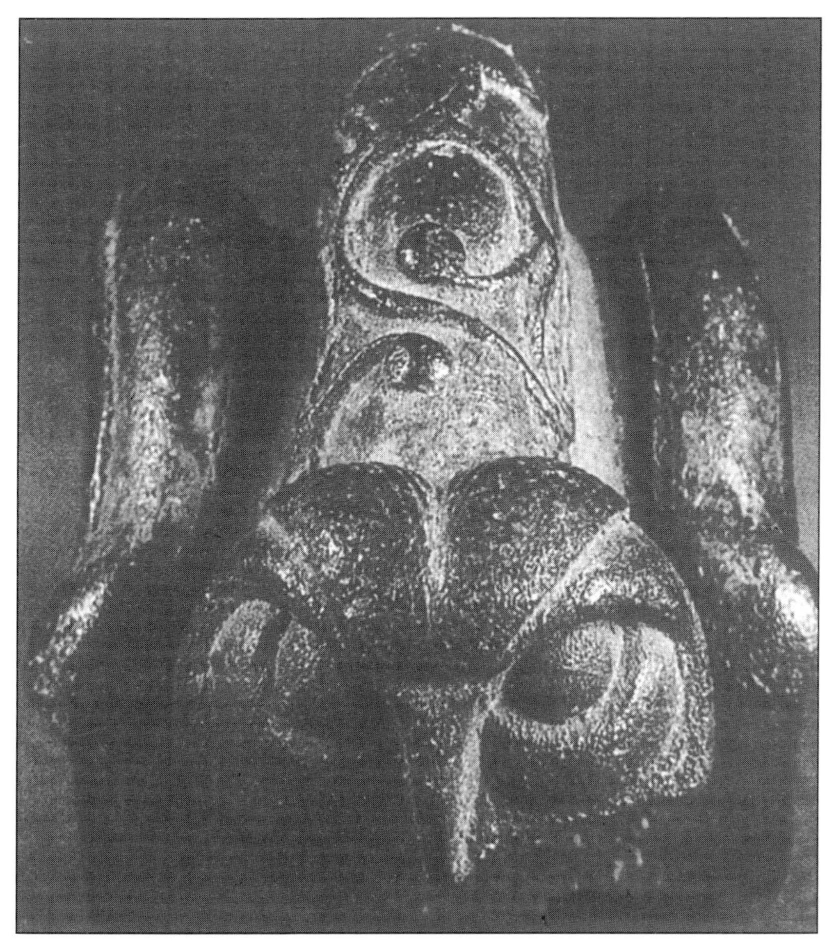

4 'Blodeuwedd, yn rhith aderyn': clust crochan pres o Bra, Horsens, Denmarc, yn dyddio o'r drydedd ganrif C.C.

gwahanol i ddull yr Oesoedd Canol, oherwydd cyfeiria'r awdur at 'y bedydd a wneid yna' (23.M1) a'r 'bedydd a wneynt yna' (83.M4); y mae'n cyfeirio at gyfnod paganaidd yn ôl pob tebyg. Ond y mae gymaint yng ngafael ei gyfnod ei hun, yn enwedig dull o siarad ei gyfnod ei hun, fel na all ymddihatru ohono. Oherwydd hynny ceir ganddo yn fynych lwon megis 'y rhof [rhyngof] fi a Duw' (e.e. 7, 8, 16, 26, 53, 63, 83), neu ymadroddion fel 'i Dduw y dygaf fy nghyffes' (7, 61, 62, 73, 91), a 'Duw a dalo it' (16, 24, 50, 57, 85), ac eraill. Gellir derbyn y fath 'lithriadau' yn hawdd. Ond yn y bedwaredd gainc y mae pethau rywfaint yn wahanol; yno y mae lladd Lleu yn ymwneud â Christnogaeth mewn ffordd sy'n rhan o wead y chwedl. Y mae amodau lladd Lleu yn gymysg o elfennau paganaidd Celtaidd (ei fod ar lan afon etc.) ac o rai Cristnogol, sef gwneuthur y waywffon y gellir ei ladd â hi 'ar yr aberth duw [dydd] Sul' (86.M4). Y mae eironi'r sgwrs rhwng Blodeuwedd a Lleu ynglŷn â'r ffordd o'i ladd hefyd yn ddwysach o'i ystyried mewn cyswllt Cristnogol. Dywed Blodeuwedd wrth Leu ei bod yn pryderu amdano:

> 'Ie', eb yntau, 'Duw a dalo it dy ymgeledd. Oni'm lladd i Dduw hagen [er hynny], nid hawdd fy lladd i', ebe ef.
> 'A wnei dithau er Duw ac erof finnau, fynegi imi ba ffurf y galler dy ladd dithau? Canys gwell fy nghof i wrth ymoglyd [ochel] na'r tau di [na d'un di].'

Yna ar ôl i Leu nodi'r amodau dywed hithau:

> 'Ie . . . diolchaf i Dduw hynny. Ef a ellir rhag hynny ddianc yn hawdd.' (86-87.M4)

Y mae Blodeuwedd yn cynllwynio i ladd tra'n cyfeirio at Dduw. Y mae'r ffaith fod Gronw Befr wrthi ar offeren am flwyddyn yn llunio ei waywffon yn sicrhau ei fod yn cael cyfle i feddwl am y lladd yn gyson, a hynny yn ystod y gwasanaeth mwyaf sanctaidd. Y mae hyn yn gwneud gwir lofruddion ohono ef a Blodeuwedd.

Yng ngorffennol pell ei chwedlau fe wyddai'r awdur fod

rhyfeddodau'n bod. Nid yw'n sôn am hen dduwiau, sef hen dduwiau'r Celtiaid sydd yn sylfaen i nifer o'i gymeriadau, eithr y mae ei orffennol yn oes o ryfeddodau, ac o hud a lledrith. Y mae grym hen 'orseddau' yn y chwedlau; y mae ynddynt gyswllt ag Annwn, y Byd Arall; y mae ynddynt bair sy'n gallu dwyn y meirw yn fyw, pen cawr sy'n cael ei dorri ac sy'n dal yn fyw, y mae gwleddoedd hud, Adar Rhiannon, tir a ddiffeithir gan hudoliaeth, cawg hudol ar lan ffynnon, rhithio pobl yn anifeiliaid ac anifeiliaid yn bobl, creu merch o flodau, bwrw gŵr â gwaywffon a hwnnw'n dal yn fyw. Y mae rhyfeddod gweddillion hen grefydd yn grymuso'r chwedlau hyn, a dynion yn wynebu pwerau sydd, yn aml, yn rhai goruwchnaturiol. Y mae'r anesboniadwy yn rhan o gyfaredd y Pedair Cainc.

Ynghlwm wrth y rhyfeddol y mae ymdeimlad grymus o leoedd. Y mae'n gryfach yn y Pedair Cainc nag yn odid unrhyw chwedl arall Gymraeg o'r Oesoedd Canol. Am fod y cymeriadau y sonnir amdanynt a'u helyntion wedi digwydd

5 'Ac yno y mae y llech ar lan afon Gynfael yn Ardudwy': llech a ddarganfuwyd ym 1990 gan Geraint Vaughan Jones rhwng ffermdy Bryn Saeth a thŷ hynafol Llech Ronw.

mewn lleoedd arbennig y mae i'r rheini ryw gyfaredd. Y mae mannau cyswllt rhwng y byd hwn a Byd Arall yn bod; y mae'n bod yng Ngorsedd Arberth yn anad unman, efallai. Yn aml y mae ystyr lle yn cael ei esbonio yn y chwedlau—dyna'r gyfres o Fochtrefi a geir yn y bedwaredd gainc, er enghraifft; neu Lyn y Morynion—y rhoir y stori i esbonio'r enw, heb roi'r enw ei hun (91.M4); neu dyna Lech Gronw (92.M4), yr oedd y maen yno i'w weld i bawb a oedd yn mynd heibio, meddai'r awdur. Y mae'r mannau hyn wedi eu cyfareddu gan y chwedlau, hefyd, ac y mae mwy o enwau i'w cael na'r rhai a roir yn y chwedlau. Ar y traeth rhwng Pontllyfni ac Aberdesach y mae, o hyd, Faen Dylan. Yn ardal Dinas Dinlleu y mae o hyd Fryn Gwydion; yn Ffestiniog y mae, o hyd, hen lain y cyfeirid ati fel Bedd Gronw, wrth ymyl fferm o'r enw Llech Ronw. Y mae rhywbeth arbennig iawn yn y berthynas hon rhwng dychymyg a lle. Awgrymodd R. Williams Parry fwy nag unwaith fod rhywbeth wedi digwydd i'r math hwn o ddychymyg ar ôl dyfodiad diwydiannaeth a'r ffordd o feddwl a ddaeth i ganlyn hynny:

Yn Nhal-y-sarn ystalwm
  Fe welem Lyfni lân,
A'r ddôl hynafol honno
  A gymell hyn o gân;
Ac megis gwyrth y gwelem
  Ar lan hen afon hud
Y ddôl a ddaliai Pebin
  Yn sblander bore'r byd.

Yn Nhal-y-sarn ysywaeth
  Ni welwn Lyfni mwy,
Na gwartheg gwyrthiol Pebin
  Yn eu cynefin hwy.
Buan y'n dysgodd bywyd
  Athrawiaeth llanw a thrai:
Rhyngom a'r ddôl ddihalog
  Daeth chwydfa'r Gloddfa Glai

Fe fwriwn olwg ar un agwedd arall o'r goruwchnaturiol hwn, fel y gwelwn hi yn y gyntaf a'r drydedd o'r ceinciau. Yn y gainc gyntaf daw Pwyll, oherwydd ei ansyberwyd, ei ddiffyg cwrteisi, wyneb yn wyneb ag Arawn o Annwn. Y mae Pwyll yn gwneud cymwynas ag Arawn drwy gymryd ei le am flwyddyn yn y Byd Arall a lladd Hafgan—brenin *o* Annwn, sylwer, nid Brenin Annwn fel Arawn. Y mae Pwyll yn ei daro unwaith; pe bai wedi ei daro ddwywaith byddai wedi adfer ei nerth. Y mae hyn yn groes i reswm, ac ymddengys fod yr afreswm hwn yn un o nodweddion Annwn. Yna daw Pwyll yn ei ôl i Ddyfed. Dywedir y gelwir ef yn Pwyll Pen Annwn.

Y mae'n mynd i eistedd ar Orsedd Arberth. Yno, gall un o ddau beth ddigwydd iddo—fe all gael niweidiau neu fe all weld rhyfeddod. Dyma Ystad Gydrhwng y Celtiaid, sef ystad hudol rhwng dau beth gwahanol—yma, rhwng niwed a rhyfeddod—a all ddod â rhywun i gyswllt ag Annwn. Gweld rhyfeddod a wna Pwyll. Ymddengys gwraig 'ar farch canwelw [llwydwyn] mawr aruchel' (9.M1). Ceisia gwas fynd ar ei hôl, 'a phei mwyaf ei frys ef, pellaf fuddai hithau i wrtho ef' (9.M1). Nid yw ei march hi yn brysio na'r dydd cyntaf nac wedyn, ond y mae'r ail ymlidiwr yn meddwl 'er arafed y cerddai ei farch yr ymorddiweddai â hi [y gallai ei goddiweddyd]' (11.M1). Wrth iddo arafu y mae'n nesu at y wraig ddieithr: dyma beth croes i reswm eto, ac arwydd o Annwn. Er, sylwer na ddywedir mai o Annwn y daw'r wraig. Rhiannon, ferch Hefeydd Hen, yw hi. Mae'n cael ei rhoi i ŵr yn groes i'w hewyllys; ni fyn hithau hynny oherwydd ei chariad at Bwyll. Â Pwyll a marchogion i lys ei thad i'w cheisio yn wraig. Daw gŵr i'r wledd a gofyn am rodd gan Bwyll, a chael addewid o un. Y mae'n mynnu cael Rhiannon. Dyma Wawl fab Clud. Cynorthwya Rhiannon Bwyll i ddad-wneud ei addewid ffôl trwy gymorth cod hud. Er mwyn gorchfygu Gwawl fe'i rhoddir yn y god ac fe'i dyrnir yno: gwneir ef yn 'froch yng nghod' [*badger in the bag*] (17.M1). Ildia. Dyma gyngor Rhiannon ar yr achlysur: 'a chymer gedernid [sicrwydd] y ganddo na bo amofyn [ymholiad] na dial fyth amdano [sef, bod yn froch yng nghod]' (17.M1). Nid yw ei thad yn awyddus i adael Rhiannon o'i lys, ond mynna Pwyll fynd â hi.

Nid yw Rhiannon yn cael plant am dair blynedd ac y mae gwyrda Pwyll yn anfodlon ar hynny, gan ei annog i gymryd gwraig arall. Gwrthoda yntau a genir mab i Rhiannon, ond fe'i cipir. Gan bwy, ni ddywedir. Cyhudda morwynion Rhiannon hi o ddifetha ei phlentyn, a gorfyddir iddi gael ei chosbi.

Yng Ngwent Is Coed yr oedd gŵr o'r enw Teyrnon a chanddo gaseg hardd iawn. Bob nos Calan Mai fe fyddai'n bwrw ebol, ond cipid pob ebol. Gan bwy, ni ddywedir. Penderfyna yntau ddwyn ei gaseg i'r tŷ un nos Calan Mai a chadw golwg arni. Y mae hi'n bwrw ebol a daw crafanc fawr trwy ffenestr y tŷ a gafael yn yr ebol. Mae Teyrnon yn torri'r grafanc wrth y penelin ac yn arbed yr ebol. Yna rhuthra i ddrws ei dŷ, lle y mae baban mewn dillad sidan. Yn y man gwelir mai mab Pwyll a Rhiannon ydyw, a dychwelir ef i'w rieni.

Yn y gainc gyntaf hon gwelir Rhiannon, o Annwn fe ymddengys, yn mynnu priodi Pwyll, y mae iddo, cofier, gyswllt ag Annwn. Cyn ei phriodas y mae Rhiannon yn wraig o awdurdod a chanddi offer hud (y god): ar ôl ei phriodas, nid yw mor rymus, er bod iddi urddas yn ei dioddefaint. Parodd ei chysylltiad amlwg â cheffylau i ysgolheigion awgrymu mai march-dduwies oedd Rhiannon yn wreiddiol, rhyw lun ar Epona, y farch-dduwies Geltaidd a duwies ffrwythlondeb. Ar ôl iddi droi ei chefn ar Annwn, fel yr awgrymwyd, a phriodi un o'r byd hwn, y mae pwerau'r Byd Arall yn mynnu dial arni. Amlyga hyn agwedd negyddol, ddinistriol ar Annwn. Am flynyddoedd y mae Rhiannon, a oedd, yn ei ffurf wreiddiol, yn dduwies ffrwythlondeb, yn ddi-blant. A phan ddaw plentyn y mae rhywun neu rywrai, o Annwn fe awgrymir, yn ei gipio'n syth. Llwyddir i'w gael yn ôl mewn amgylchiadau rhyfedd sy'n ymwneud â'r creaduriaid a gysylltir â'i fam, sef ceffylau.

Yn y drydedd gainc nid yw Rhiannon yn cael llonydd gan bwerau dinistriol Annwn. Erbyn hyn y mae Pwyll wedi marw a'i fab Pryderi'n teyrnasu yn ei le. Trefna ef i'w gyfaill,

6 Epona, march-dduwies Geltaidd: cynddelw Rhiannon.

Manawydan, briodi Rhiannon. Fe gyrcha'r tri hyn a Chigfa, gwraig Pryderi, gydag eraill i Orsedd Arberth. Dyma beth rhyfedd iawn yn digwydd: diflanna pawb, ar wahân iddynt hwy ill pedwar. Treuliant ddwy flynedd yn byw trwy hela a physgota. Yna ceisiant ennill bywoliaeth trwy grefftau yn Lloegr, ond enynnant gasineb crefftwyr eraill trwy eu llwyddiant ac, yn y man, dychwelant i Ddyfed a threulio blwyddyn yno fel o'r blaen. Yna digwydd rhyfeddod arall. Wrth hela, y mae Pryderi a Manawydan yn codi baedd claerwyn—dylid cofio mai anifeiliaid o Annwn yw moch, fel y nodir yn y bedwaredd gainc. Dilyna Pryderi'r baedd i gaer lle nad oedd caer o'r blaen. Ar ôl gafael mewn cawg aur gerllaw ffynnon yno, y mae'n methu ymryddhau ac yn mynd yn fud. Ar ôl i Fanawydan fynd adref ac adrodd yr hanes wrth Riannon y mae hi'n rhuthro allan ac yn mynd i'r lle y mae Pryderi ac yn gafael yn y cawg. Yna y mae'r ddau, a'r gaer ddieithr, yn diflannu. Y mae Manawydan yn rhoi cynnig ar ennill bywoliaeth eto trwy grefft, gyda'r un canlyniadau ag o'r blaen. Dychwela ef a Chigfa i Ddyfed eto. Ceisia Manawydan godi cnydau, ond pan fo ei gnydau yn aeddfed y maent yn cael eu difa. Digwydd hyn ddwywaith. Penderfyna yntau wylio'r drydedd waith. Gwêl lygod yn difa ei gnwd a dalia un ohonynt sy'n feichiog. Penderfyna ei chrogi—ar Orsedd Arberth, sylwer—ac er taer erfyn Cigfa a gwŷr eglwysig (fel yr ymddengys), gwrthoda newid ei feddwl. Y mae'r olaf o'r gwŷr eglwysig ('esgob') yn cynnig rhoddion hael iddo am ollwng y llygoden, ac yn cael ei wrthod. Yna dechreua Manawydan fargeinio â'r 'esgob' am ei rhyddid. Rhaid iddo ryddhau Rhiannon a Phryderi, gwared yr hud a'r lledrith o Ddyfed, esbonio pwy yw'r llygoden, a phwy yw ef ei hun. Esbonia'r 'esgob' mai'r llygoden yw ei wraig, wedi ei rhithio; mai Llwyd fab Cil Coed yw ef, ac iddo ddodi'r hud ar Ddyfed i ddial cam ei gyfaill Gwawl fab Clud ar Bryderi oherwydd yr hyn a wnaeth Pwyll iddo yn llys Hefeydd Hen, sef ei wneud yn froch yng nghod. Gellid disgwyl fod pethau wedi dod i ben yma, ond nid felly. Mynna Manawydan ychwaneg, sef cael sicrwydd na fydd byth eto hud ar Ddyfed, na fydd dial pellach ar Bryderi a Rhiannon nac arno ef ei hun, a mynna weld Pryderi a Rhiannon yno gydag ef. Gofynna Manawydan i Lwyd pa 'wasanaeth' y bu'r ddau yn ei wneud yn eu habsenoldeb. Ei ateb yw i Bryderi fod 'â gyrdd [lluosog *gordd*] fy llys i am ei fwnwgl [gwddf]' ac i Rhiannon fod 'â mynweirau yr esyn [coleri'r asynnod], wedi byddyn [iddynt fod] yn cywain gwair, am ei mwnwgl hithau' (65.M3).

Yn y drydedd gainc gwelir nad yw Annwn wedi anghofio, a bod ymdrech o hyd i ddial ar Riannon a'i mab; a hynny ar ôl i Wawl gytuno yn llys Hefeydd Hen ac yn ôl cyngor arbennig Rhiannon i beidio â dial. Nid yw'r ffaith fod Llwyd yn galw'r chwarae 'broch yng nghod' yn 'anghyngor [annoeth]' (64.M3) yn esgusodi'r dial. Trwy hud a lledrith y mae Annwn yn dial. Diffeithir teyrnas Pryderi, cipir ef a chipir ei fam, a gwneir iddynt gyflawni swyddogaethau iselwael. Y mae swyddogaeth Rhiannon yn dal i'w chysylltu â chreadur nid annhebyg i geffyl, ond un gwaelach, i'w gwaradwyddo. Oni bai am ddoethineb Manawydan byddai Annwn wedi trechu.

Yn y gainc hon, eto, gwelir pwysigrwydd hudol hen Orsedd Arberth. Gwelir fod Manawydan yn synhwyro fod yna ryw hud a lledrith ar waith, ac nad trwy ruthro'n ddall y mae iddo orchyfygu. Y mae hyd yn oed yn gallu gwrthsefyll sen ei wraig am iddo beidio â cheisio achub Pryderi—'ys drwg a gydymddaith [cyfaill gwael] fuost ti, ac ys da a gydymddaith a gollaist ti' (56-7.M3). Y mae ymddygiad byrbwyll Rhiannon yn ddealladwy: y mae wedi colli ei mab, a hynny am yr ail waith. Naturiol yw iddi ruthro i geisio ei helpu. Ond nid dyma a ddisgwylid gan y wraig a roddodd 'gyngor' i Bwyll i gael sicrwydd na fyddai dial am chwarae broch yng nghod. Nid dyma y byddai'r Rhiannon awdurdodol sydd yn nechrau'r gainc gyntaf wedi ei wneud. Y Rhiannon a droes yn un o blant dynion ar ôl ei phriodas sydd yma, nid yr un bwerus, dduwiesaidd.

Y mae'r gair 'cyngor' yn un o eiriau mawr y Pedair Cainc—y mae'r cymeriadau o hyd ac o hyd yn 'cymryd cyngor'. 'Cymryd cyngor' yw ffordd dynion o geisio goresgyn anawsterau bywyd. Gyda'i 'gyngor', sef ei ddoethineb dynol, y mae

Manawydan yn goresgyn hudoliaeth ddichellgar Annwn. Yr hyn a ddywedir yw fod rhinwedd dynol yn fwy grymus na gallu andwyol hudoliaeth.

Ymhellach, fe allwn honni y dywedir ym mhob un o geinciau'r Mabinogi mai dynol yw'r pethau sylfaenol. Yn yr ail gainc y mae colli mab, colli cyfeillion, Branwen yn marw o dorcalon, a methu peidio ag agor y ddôr ar wae yn cyffwrdd mwy ar deimladau nag yw cawr yn beisio'r weilgi neu ben toredig yn dal yn dda ei gwmnïaeth. Ac yn y bedwaredd gainc, fel y nododd Brynley F. Roberts yn *Studies on Middle Welsh Literature* (1992), nid oes dim yn dangos dealltwriaeth yr awdur o boen bodolaeth yn eglurach nag iddo nadu i Leu gael adferiad trwy hudoliaeth, er i Wydion fedru ei dynnu o goeden angau, ei gael yn ôl i fyd dynion yn druenus ei gyflwr. Dangos na all grym deniadol hudoliaeth ddatrys problemau sylfaenol y ddynoliaeth yw un o'r pethau a wneir yn y bedwaredd gainc. Y mae'r prif gymeriad, Gwydion, yn newid o fod yn ddewin hwylus i fod yn wir ddynol gan ei gariad at y mab a fabwysiadodd. Grym dyfnion deimladau ein hil yw'r peth sylfaenol yn y Pedair Cainc. Ond y mae'r teimladau hynny'n cael eu ffurfio yng nghanol rhyfeddodau a esblygodd o hen grefydd y Celtiaid neu a ymgorfforwyd yn y ceinciau trwy fenthyciadau. Y mae'r rhyfeddodau hynny yn dynodi ymdeimlad fod galluoedd amgenach na rhai naturiol yn gweithio ar y byd hwn. Y mae ymwneud gwŷr a gwragedd â'r pwerau hynny'n diffinio eu gwir ddynoliaeth.

DARLLEN PELLACH

Testun: Ifor Williams, *Pedeir Keinc y Mabinogi* (Caerdydd, 1951).
Cyfieithiad: Dafydd a Rhiannon Ifans, *Y Mabinogion* (Llandysul, 1980), neu Gwyn Thomas, *Y Mabinogi* (Caerdydd, 1984).
Brinley Rees, *Ceinciau'r Mabinogi* (Cyhoeddwyd gan yr awdur, 1975).
Sioned Davies, *Pedeir Keinc y Mabinogi* (Caernarfon, 1989).
Dafydd Glyn Jones, *Y Bedwaredd Gainc* (Cyngor Sir Gwynedd, Gwasanaeth Llyfrgell, 1988).
Saunders Lewis, 'Trafod y Ceinciau' yn *Meistri'r Canrifoedd: Ysgrifau ar Hanes Llenyddiaeth Gymraeg,* gol. R. G. Gruffydd, (Caerdydd, 1973).
W. J. Gruffydd, *Folklore and Myth in the Mabinogion* (Caerdydd, 1958).
Proinsias MacCana, *The Mabinogi* (ail argraffiad, Caerdydd,1992).
Brynley F. Roberts, *Studies on Middle Welsh Literature* (Lewiston/Queenstown/Lampeter, 1992).
Rachel Bromwich, *Trioedd Ynys Prydein* (Caerdydd, 1961; ail argraffiad, 1978).

ELIS GRUFFYDD A THRADDODIAD CYMRAEG CALAIS A CHLWYD

Ceridwen Lloyd-Morgan

. . . ar y seithfed dydd ar hugain o fis Ionawr y deuthum i mewn waedgys o retunw Calais, yn y man y trigais i o hynny allan, yn y lle y bum i yn dwyn fy mywyd y rhan fwyaf o hynny allan yn gweld ymrafaelion o bethau or a fai gymesur i roddi wynt mewn ysgrifen.

Elis Gruffydd

Elis Gruffydd oedd un o'r mwyaf toreithiog o'n hawduron alltud a'r cyntaf, o bosibl, mewn cyfres o Gymry a ymgartrefodd ar y Cyfandir ac a fu'n llenydda yno yn y Gymraeg. Flynyddoedd cyn i Gruffydd Robert a Morys Clynnog ymgilio i Rufain ac ymroi i baratoi eu cyhoeddiadau ieithyddol a chrefyddol yno, bu Elis Gruffydd yng Nghalais yn cyfansoddi gweithiau swmpus iawn yn y maes seciwlar. Gormes crefyddol a yrrodd Gruffydd Robert a Morys Clynnog o'u gwlad: coleddasant yr hen ffydd Gatholig ac ni allent ddygymod â byw dan deyrnasiad y Frenhines Elisabeth I. Rhesymau mwy bydol a barodd i Elis Gruffydd adael ei fro enedigol, sef yr angen i ennill ei damaid, a gellir ei osod felly yn y traddodiad hirfaith o Gymry a droes yn alltudion er mwyn ennill bywoliaeth.

Fe'i ganed, meddai, 'yng Ngronant Uchaf ym mhlwyf Llanasa yn Sir y Fflint', tua 1490, mae'n debyg, yn fab i deulu o dras tra bonheddig, ond heb ddigon o gyfoeth i'w cynnal fel boneddigion. Credir mai Thomas ap Gruffydd ap Llywelyn Fychan o Bantyllongdy oedd ei dad, a pherthynai Elis felly i gangen o deuluoedd cefnog a dylanwadol Mostyniaid Mostyn a Thalacre, eithr cangen iau, a thlotach. Dyna, mae'n siŵr, paham y bu rhaid i Elis Gruffydd adael ei gartref yn ddyn ifanc, gan nad oedd adnoddau ei deulu yn ddigon i ganiatáu bywyd annibynnol cydnaws iddo. Tua 1510, mae'n debyg, croesodd y ffin ac ymuno â byddin Lloegr, fel y gwnaeth llawer o Gymry ifainc yr oes honno. Y flwyddyn ddilynol, cawn gip arno yn ymladd yn yr Iseldiroedd dan arweiniad Syr Edward Poynings, ac yn gosod gwarchae ar dref Venlo; yn ddiweddarach yn yr un flwyddyn aeth i Sbaen gyda'r Arglwydd Thomas Darcy, a aethai yno i gefnogi'r Brenin Ferdinand II yn ei ryfel yn erbyn ei elynion Arabaidd, y *Moros.* Erbyn 1514 yr oedd yn ymladd yn Ffrainc, yn Nhournai, ond tua 1518 daeth i Galais. Fwy na thebyg mai dyma pryd y daeth dan aden Syr Robert Wingfield, aelod o deulu amlwg o Suffolk a oedd yn llwyddiannus a dylanwadol mewn bywyd cyhoeddus. O gofio bod cysylltiadau teuluol rhwng teulu

Wingfield a'r Mostyniaid a'r Audleiaid (yr oedd Elis Gruffydd yn perthyn iddynt) a bod Syr Robert a'i frawd, Richard, wedi dal swyddi pwysig yng Nghalais er 1513, y mae'n debyg fod Elis Gruffydd wedi gweld cyfle euraid i wella ei fyd ar ôl profi bywyd milwr cyhyd. Flynyddoedd yn ddiweddarach, disgrifiodd yn ei gronicl y caledi a wynebai milwyr fel efe, yn enwedig yn ystod misoedd y gaeaf:

> O fewn yr amser y dechreuodd y gaeaf barflwyd ddangos ei wyneb drwy rew-wynt du, oer a byrddydd a hirnos, yr hyn a oedd yn gwneuthud i'r sawdwyr [soldiwrs] musgrell, anwydog gwyno a griddfan, bawb wrth ei gilydd. Rhai a ddywedai fod yn anafraid iawn iddynt hwy fod yno yn gorwedd ar y ddaear ynghysgod cloddiau a pherthi ac yn marw o annwyd, rhai eraill a ddywedai y mynnai ef ei fod gartref, a'i drwyn yn nhin ei wraig, yr hon a ddywedai ef ei bod yn gosod ei thin yn gynhesach nag y gallai ef osod ei ben. Yn yr amser hwn y gwynfan a wnâi lawer o'r Saeson ac o'r Cymry, drwy wylo a digofaint mawr.

Er mwyn cyflawni ei ddyletswyddau fel llysgennad, yr oedd rhaid i Syr Robert Wingfield deithio yn gyson, ac âi Elis gyda'i feistr newydd. Dyna sut y bu'n dyst i ddigwyddiadau pwysig megis y cyfarfod rhwng brenhinoedd Ffrainc a Lloegr ar Faes y Brethyn Euraid ym 1520, er enghraifft. Ond rhwng 1524 a 1529 bu Elis Gruffydd yn byw yn Llundain, yn gofalu am dŷ ei feistr tra oedd hwnnw oddi cartref. Yn gynnar ym 1530, fodd bynnag, gadawodd y Cymro ei wasanaeth er mwyn ymuno â gosgordd brenin Lloegr yng Nghalais, lle'r oedd Syr Robert yn ddirprwy-lywodraethwr:

> . . . ar y seithfed dydd ar hugain o fis Ionawr y deuthum i mewn waedgys [Saesneg 'wages'] o retunw ['retinue'] Calais, yn y man y trigais i o hynny allan, yn y lle y bum i yn dwyn fy mywyd y rhan fwyaf o hynny allan yn

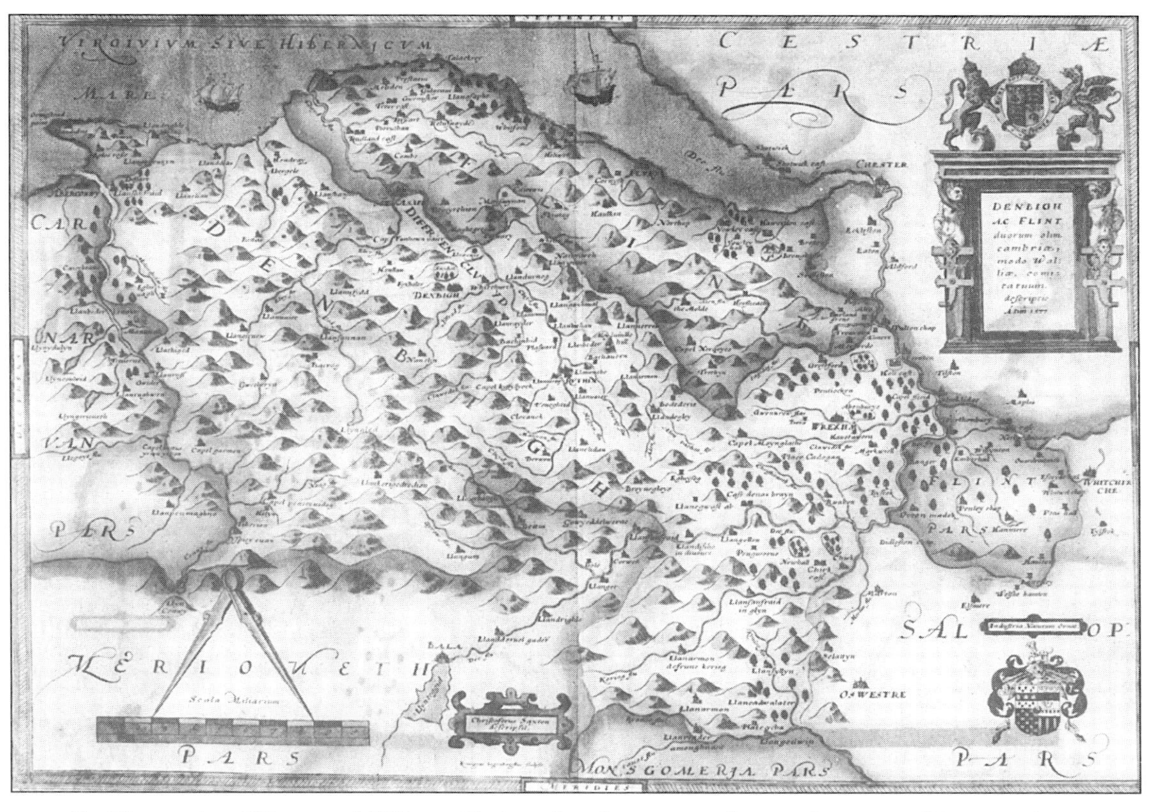

7 Map o sir y Fflint ym 1577 gan Christopher Saxton, yn dangos Gronant a Dinas Basing.

gweld ymrafaelion o bethau or a fai gymesur i roddi wynt mewn ysgrifen.

Perthynai tref Calais a'r wlad o'i chwmpas i goron Lloegr o hyd, yr olaf o'i thiroedd yn Ffrainc i aros yn ei meddiant. Ailgipiwyd Calais gan y Ffrancod ym 1558, a bu Elis Gruffydd yn dyst felly i gyfnod olaf Calais dan yr hen drefn. Trefedigaeth Seisnig, yng ngwir ystyr y gair, oedd y dref honno, lle'r oedd nifer o'r trigolion yn ddisgynyddion Saeson o fewnfudwyr; Saesneg oedd ei hiaith ac enwau ei strydoedd. Yno yr ymgartrefodd Elis Gruffydd, fodd bynnag, ac yno y treuliodd ddegadau olaf ei oes, gan ennill iddo'i hun o ganlyniad y llysenw 'y milwr o Galais', neu, yn ei eiriau ef ei hun mewn coloffon yn un o'i lawysgrifau, 'sawdiwr o gallis'. O'r 1530au ymlaen cyfeirir ato mewn dogfennau cyfreithiol hyd yn oed fel 'Ellice Griffith, soldier at Calais'. Priododd ferch leol, Elizabeth Manfielde, a oedd yn enedigol o'r dref, a ganed o leiaf ddau blentyn iddynt. Daeth tipyn o eiddo iddo drwy deulu ei wraig, a rhwng hyn a'i gyflog gallai fyw yn gyfforddus iawn. Nid oedd yn ddyn ifanc bellach, a dioddefodd gyfnod hir o salwch yn ystod y 1540au, ond yr oedd yn dal ar dir y byw ym 1552. Efallai iddo gael byw i weld machlud teyrnasiad brenin Lloegr yng Nghalais, ond nid oes tystiolaeth bendant am hynny. Ni wyddom ychwaith pryd yn union y bu farw—yn y chwalfa fawr, o bosibl, pan gipiodd y Ffrancod y dref. Braf fyddai meddwl ei fod wedi dianc, fel y gwnaeth rhai o'i gyd-wladwyr, a dychwelyd yn ffoadur i farw yng Nghymru, ond nid oes modd profi hynny ar hyn o bryd.

Gwaith milwrol, a gweinyddol i ryw raddau, oedd ffon fara Elis Gruffydd drwy ei oes, ond fel copïydd, cyfieithydd a chroniclwr y cofiwn amdano heddiw. Y mae'n rhaid bod ganddo ddiddordeb mewn hanes a llenyddiaeth er ei lencyndod, ond ni wyddom lawer am ei weithgareddau yn y meysydd hyn yn ystod ei ieuenctid. Y gwaith ysgrifenedig cynharaf o'i eiddo sydd yn dal ar glawr yw llawysgrif Caerdydd 5 (bellach Caerdydd 3.4), sydd yng ngofal Llyfrgell Ganolog Caerdydd. Copïwyd cynnwys y gyfrol hon ganddo yn Llundain tra oedd yn gofalu am dŷ Syr Robert Wingfield, ffaith sy'n awgrymu nad oedd ei ddyletswyddau ffurfiol yn pwyso'n rhy drwm arno. Gorffennodd y gwaith copïo ym 1527, yn ôl y coloffon a geir ar ddiwedd un o'r testunau:

> Elis Gruffydd . . . ai ysgrifennodd anno 1527 yn Llundain ym mhalas Syr Robert Wing[field], yn yr amser hwnnw depeiti ['deputy'] yng Nghalais.

Yn y gyfrol hon fe gasglodd Elis ynghyd nifer o destunau Cymraeg, yn farddoniaeth a rhyddiaith. Ar wahân i gerddi gan feirdd megis Dafydd ap Gwilym, Guto'r Glyn, Lewis Glyn Cothi, Iolo Goch a Dafydd Llwyd o Fathafarn, a daroganau rhyddiaith fel *Proffwydoliaeth y Wennol*, ceir ynddi gopïau o ddeunydd hanesyddol neu ffug-hanesyddol fel *Y Pedwar Brenin ar Hugain a farnwyd yn gadarnaf*, er enghraifft, ynghyd â deunydd achyddol fel *Y Disgyneidiaeth o Adda hyd at Frutus* ac *Achau'r Saint*, chwedlau megis *Saith Doethion Rhufain*, testunau crefyddol fel *Ymryson yr Enaid a'r Corff* a *Phum Pryder Mair*, heb sôn am y math o ddeunydd a bontiai ffiniau athroniaeth a gwyddoniaeth, megis *Naturiau y Saith Blaned*. Fel y gwelwn yn y man, yr oedd llawer o'r testunau unigol a gynhwyswyd yn llawysgrif Caerdydd 5 wedi eu cadw mewn llawysgrifau a oedd ar gael yng ngogledd-ddwyrain Cymru yn y cyfnod hwnnw. Nid cyfansoddi gwaith gwreiddiol a wnâi Elis Gruffydd felly, eithr hel at ei gilydd destunau a oedd o ddiddordeb iddo, yn eu plith nifer helaeth a adlewyrchai chwaeth yr oes flaenorol, sef y bymthegfed ganrif. Gwaith hynafiaethydd ydoedd, gwaith un a edrychai yn ôl ar orffennol Cymru, ei chwedlau, ei barddoniaeth a'i dysg. Ni ddewisodd y pryd hwnnw adlewyrchu digwyddiadau cyfoes y bu'n dyst iddynt, ac oni bai am y coloffon sy'n profi mai yn Llundain y copïwyd y llawysgrif honno, hawdd y gellid meddwl mai dyn na fentrasai erioed o'i filltir sgwâr yng Nghymru oedd y copïwr.

Y mae bwlch o ugain mlynedd rhwng dyddiad copïo llawysgrif Caerdydd 5 a'r llawysgrif nesaf o'i eiddo (a gwblhawyd ym 1548) sydd ar gael inni heddiw. Y mae'n anodd credu mai colli diddordeb mewn llyfrau a barodd i Elis Gruffydd oedi cyhyd cyn ailgydio yn ei gwilsen, ond y mae'n bosibl fod llawysgrifau eraill o'i eiddo, y gallasai fod yn gweithio arnynt, heb eu cadw, neu efallai ei fod wedi ei gysegru ei hun i orchwylion eraill. Gan fod ganddo ddyletswyddau fel gwas cyflog, a'i fod hefyd yn teithio rhwng Ynys Prydain a'r Cyfandir, ni châi o bosib ddigon o lonydd a sefydlogrwydd mewn un man i ymgymryd â gwaith copïo destlus ar raddfa fawr. Ond erys posibilrwydd arall, sef iddo dreulio peth o leiaf o'i oriau hamdden yn darllen yn eang, gan godi nodiadau helaeth ar gyfer y dyfodol, damcaniaeth y dychwelwn ati yn y man.

Ond cyfnod o waeledd, yn ôl pob tebyg, a'i hysgogodd i ailgydio yn ei ddiddordebau llenyddol a throi'n gyfieithydd y tro hwn. Yn ystod y 1540au, ac yntau bellach wedi hen ymgartrefu yng Nghalais, bu'n dioddef o ryw salwch, a pha ryfedd, felly, iddo ddechrau ymddiddori mewn testunau meddygol a phenderfynu paratoi detholiad ohonynt wedi iddo gryfhau? Casglodd nifer o destunau yn Saesneg—rhai ohonynt wedi eu cyfieithu o ieithoedd eraill—a'u trosi i'r Gymraeg a'u copïo, ynghyd â nifer o nodiadau amryw ar feddyginiaeth, yn y gyfrol a elwir bellach yn Cwrtmawr 1, yn Llyfrgell Genedlaethol Cymru. Unwaith eto, nododd y dyddiad, sef 'y[r] ugeinfed o fis Ionawr ac yn y flwyddyn o oedran ein harglwydd ni Iesu Grist 1548', sef Ionawr 1549, yn ôl ein dull ni o gyfri'r blynyddoedd. Yn y llawysgrif hon copïodd Elis Gruffydd ei fersiynau Cymraeg o'r *Compost of Ptholomeus* (wedi ei gyfieithu o fersiwn Ffrangeg seiliedig yn ei dro ar destun Isalmaeneg, argraffiad cyntaf 1503), *The Vertuose Boke of Distyllacion of the waters of all maner of herbes* (cyfieithiad Saesneg gan Laurence Andrewe, argraffiad cyntaf 1527), *The Castel of Helthe*, gan Thomas Elyot (argraffwyd 1537), ac, yn olaf, dau destun o waith Thomas Phaer (?1510-60) o Gilgerran, sef *The Boke of Chyldren* (argraffiad cyntaf 1537) a *The Regiment of Life* (cyfieithiad o destun Lladin, argraffiad cyntaf 1544). Y mae'n amlwg fod y testunau hyn yn boblogaidd iawn yng ngorllewin Ewrop y pryd hwnnw, ac y mae'n bur debyg fod y Cymro wedi dod ar eu traws yng Nghalais. Ceir awgrym o hyn yn llawysgrif Cwrtmawr 1, lle y dywed iddo gael hyd i'r testunau meddygol a gyfieithodd mewn 'hen lyfrau yng Nghalais', llyfrau a oedd ar y pryd ym meddiant bwrdeisiaid y dref 'megis Mastyr Bwrdwn', a rhai eraill a oedd yn eiddo i 'chwech neu saith o hynafgwyr ac a fuasai'n gymeradwy am eu pwyll a'u synnwyr o fewn y dref', rhai ohonynt, fe ychwanegodd, 'a fuasai yn benseiri o waith y brenin yng Nghalais'. Gan fod y testunau wedi eu hargraffu, rhai ohonynt ers blynyddoedd maith, mae'n debygol iawn mai at lyfrau printiedig y cyfeiriodd Elis Gruffydd.

Ar ôl cwblhau'r gyfrol hon ar feddygaeth, dychwelodd Elis Gruffydd i'w ddiddordeb mewn hanes, a amlygwyd yn gyntaf yn llawysgrif Caerdydd 5, a chysegrodd ei flynyddoedd olaf i'w bencampwaith, sef ei *Gronicl*. Mae'n bur debyg, fel yr awgrymodd Prys Morgan, iddo gasglu deunydd dros gyfnod hir, o amrywiaeth eang o ffynonellau, cyn cychwyn o ddifrif ar y gwaith o osod trefn ar ei nodiadau a cheisio creu naratif clir a chyflawn. Gallwn dybio mai tua 1548, yn syth ar ôl gorffen copïo Cwrtmawr 1, y dechreuodd ganolbwyntio ar y *Cronicl*. Gan mai 1552 yw'r dyddiad olaf ynddo, y mae'n rhaid mai tua'r adeg honno y rhoddodd y gorau i'r gwaith.

Hwn oedd ei waith olaf, a'r mwyaf hefyd. Erbyn hyn y mae'r llawysgrif wedi ei rhannu'n bedair cyfrol swmpus, sef llawysgrifau LlGC 5276D a 3054D yn y Llyfrgell Genedlaethol. Amcan Elis Gruffydd oedd adrodd hanes y byd o'r Cread hyd at ei oes ei hun, cynllun sy'n ymddangos yn uchelgeisiol ond a oedd yn gyffredin iawn mewn croniclau canoloesol. Ond dilynai'r Cymro batrwm arbennig a oedd eto'n boblogaidd iawn yn yr Oesoedd Canol, sef 'Cronicl y Chwech Oes'. Gallwn olrhain y cynllun hwn i Isidor o Sevilla (*c.* 560-*c.* 636), a cheir llu o enghreifftiau cyffelyb nid yn unig yn Lladin ond hefyd yn ieithoedd brodorol gorllewin Ewrop, gan gynnwys yr Wyddeleg a'r Saesneg. Dilyn ffasiwn yr oes o'r blaen yr oedd y Cymro yn hyn o beth yn hytrach na thorri ei gŵys ei hun neu hyd yn oed droi at ddulliau mwy cyfoes o gyflwyno hanes. Yn ei *Gronicl*, fel yn y patrymau canoloesol a fuasai'n gyfarwydd iddo, rhennir hanes y byd yn chwe chyfnod. Yn yr oes gyntaf, cawn hanes y Cread, ond erbyn y bedwaredd ddalen o'r llawysgrif cyrhaeddwn y drydedd oes, gyda hanes Abram o'r Hen Destament. Erbyn ffolio 38 yr ydym wedi carlamu ymlaen at hanes a mytholeg gwlad Groeg, gyda storïau Ercwlff (Hercules) a Chaerdroea yn perthyn i'r bedwaredd oes. Hanes y Rhufeiniaid ac 'ysdori Alecsandyr' a ddaw yn ystod y bumed oes, yn ogystal ag adran ar 'astronomi a ffilosoffi'—adlais o lawysgrif Caerdydd 5 gyda'i hadysgrifau o 'Naturiau y saith blaned' a'r 'Llythyr a ddanfones Arestotlys i Alecsandyr mawr'. Oes Crist yw'r chweched cyfnod, ond ni ddynodir yn glir iawn y ffin rhwng yr oes honno a'r bumed: rhyw lithro o'r naill i'r llall a wna'r *Cronicl* yn ystod hanes temtio'r Iesu. Cywasgwyd y Pum Oes i'r ddau gan ffolio cyntaf, sef llai na hanner y ddwy gyfrol gyntaf o'r *Cronicl*, a llai na chwarter y *Cronicl* yn ei gyfanrwydd. Cynnwys y chweched oes, yr oes Gristnogol, hanes Prydain a Ffrainc yn bennaf, a hynny hyd at 1552. Adroddir hanes cynnar Ynys Prydain, gan ddilyn y *Brut*, sef yr hanes a geir yn *Historia Regum Britanniae* (Hanes Brenhinoedd Prydain, tua 1136) gan Sieffre o Fynwy. Honnai ef fod yr ynys hon wedi ei meddiannu yn gyntaf gan Frutus, a ddihangodd wedi cwymp Caerdroea. Brutus, yn ôl y chwedl, a roes ei enw i'r wlad, sef Prydain neu Fritannia. Disgynyddion Brutus oedd yr holl frenhinoedd a'i dilynodd, gan gynnwys yr enwog frenin Arthur.

Ond er nad oedd sail i 'hanes' Sieffre o Fynwy, yng *Nghronicl* Elis Gruffydd ceir deunydd sydd yn y pen draw yn ddyledus i Sieffre, ochr yn ochr â hanes ddigon dilys (yn ôl ein ffyn mesur ni yn yr ugeinfed ganrif) am frenhinoedd Lloegr yn y cyfnod cyn i'r wlad honno gael ei goresgyn gan y Normaniaid, ac o'r goresgyniad hwnnw hyd at ddigwyddiadau cyfoes gwleidyddol a milwrol yr unfed ganrif ar bymtheg. Ar gyfer y rhan olaf gallai'r croniclwr droi at ei ffynonellau ef ei hun, wrth gwrs. Bu'n llygad-dyst i ddigwyddiadau pwysig, a chlywsai hanesion eraill gan dystion. Yn hyn o beth, dilynai ddull chwyldroadol y croniclwr o Ffrainc, Jean Froissart (*c.*

y modd ir ydoedd ef yn deall ac yn kydnabod i pashia ac i
[illegible] (Oes ac amser y byd hwn yn vuan neu ven am
bychan ddyllynnyddiedd ymyr un modd ac i mae einioes korf
dyn amser byr wrth vunedi [illegible] nevill o ddylynnyddiedd
velly yr vn modd i mae oedran y byd hwn pethron i
[illegible] affarhau [illegible] ac i parhaodd ef wrth y ssyr y[illegible]
ydd a berry byth Ac or achos hwn i mae r awdur tho[illegible]
aws yn dywedud ymy modd yma para ddyn dyn[illegible]
ar amzodd neu ai hoffzymo i hun yn wellystar, [illegible]
n hemweddol ac yn ddiavgyodd ymybyd yma ym[illegible]
igymydogion i kaiff ef wellystev y bowyd or einioes [illegible]
agwyddol Ac or achosion yma i dywed y r awdur y
mny modd yma mynu a ddygaf dynnuch yn ddiavgoedd
ddwy wareiddzwydd ac arverau da ymysg y kyuri [illegible]
yssz agolud bydol yrhwn a ddaw i'r taad or neef i
ddanuon a rodd yn llywodzaeth ac ymeddiant i ddi
wy ddol damuniad ac y wyllys y korf diavol Joli
doedd bydol ac yw doer anhzyvedd Affara ddyn
ion bynnag ara rodd i meddwl ymddiennadal ak
uur i kyrf dynnu i kaviad ai serch o ddiwrth y go
ud diavol kynydd fickyr i gavu newolion bethav a
= gwrthwyneb para ddyn bynag ara rodd i serch
ar y kynriw bethav o ner a gollodedd diavol dio
gelk y drw na kydd ef haiach o brig ar neuolion o
fudedd kaine natur kaviad a serch i bethav byd

8 LLS. Cwrtmawr ID, yn cynnwys cyfieithiadau neu addasiadau gan Elis Gruffydd o destunau meddygol a sêr-ddewiniol.

y chweched oes

vab Pyroc yr hwn a vu veudwy yn y kappel perygylus o vewn ynn
ys Wydrin Ac Roes yr ysdori hon o ladin ynn gymraeg Ac i mae y
sdoriae arthur ynn dangos i vod ef mor dduwiol ac i doe engylio
n duw i wasnaethu i fferenen ef Ar hynn a gadarnhaodd arthur
ynn gadarnn drwydd ywedud weledd o honaw ef ai lygaid eng
ylion yn gwasnaethu y fferenn y meudwy y dydd a'r amser
i dannones y arglwyddes vair y groes a vur or hrain i [illegible]
ir ynn helaethach ynn hynn o lauur ynna ymol

Ynnesa ar ol marwolaeth vthur bendragon i koron
ed arthur i vab ef ynn vrenin o deyrnas ynol h
ar broses ynny vlwyddynn oedran krisd v c
a dwyvarbymtheg o vlynnyddoedd yr hynn a oedd y
ny xv ued vlwyddyn oi oedran ef ac ynn drydedd
vlwyddyn o wladychiad lotharivs brenin ffrainc Ac ar vyrder
ennyd ynnol i goroni ef drwy gyngor merddin y vo aeth ir
kapel perygylus i ymddiddan a mashinvs y meudwy ynn yr a
mser i maer ysdori ynn dangos i gweles arthur engylion yn gw
snaethu'r y fferen ynny lle a'r amser ir ymddangoses y arg
lwyddes vair iddo ef yr hon a erchis iddo ef ddisdrowio ym
[illegible] a'r gyttrom amser y bram a odd ynnddra [illegible] o vewn y
dyrnnas hon ar y kyuamser ynna drwy roddi iddo ef groes
aur yr hon a erchis hi iddo ef i harwedd ynn i gylch pan vla
e ef i vaes neu vattel Ac or achos hwn ynnol hrai or ysgriue
nyddion i harweddodd arthur darian o liw glas a chroes o aur
a delw vair ynny kornel ucha ir darian Ac ynnol hynn a w
naeth lw ar ddisdrowio y gelynion ar un gyttrom amser a'r sosers
Ac ar vyrder ynnol yd a godes lu mawr or brytaniaid yr h
ain a dywysodd ef ir gogledd ynn erbyn kolgrim yr hwn a o
edd wedi tywyso annuer mawr i gyuoeth lyndsae o bobyl s
axsonia Ac wedi goresgyn y wlad ac ynnill dynnas kaer liw
ykoed Ac ar man ir amrylodd y brenin gwbwl oi allu ynn
yr amser i kymerth kolgrim ai bobyl wres mawr yr hwn a wna
ethant twy yn gadarn a chloddiau ac a ffossydd iaros ac i r
oddi maes a battel i arthur ynnyr amser ynnol vyddant twy
y ddyuod ai dau lu ynn gyuagos bob un ar i gilidd Ac wedi
daruod vyddant twy nodi y dydd i ymladd ynn yr amser i m
ae hrai or ysdoriau yn dangos beri o verddin i arthur roddi
gorchymyn ynn ar holl bennaethiaid i lu Ar wneuthur i ba
nerau o sidan gwyn a gosod kroes o sidan koch ynn kanol wynt

9 Darn o Gronicl Elis Gruffydd (LlGC LLS. 5276Dii) yn adrodd hanes y brenin Arthur.

1337-1410), wrth gasglu gwybodaeth am hanes diweddar ei wlad. Yr oedd Calais, yn rhinwedd ei sefyllfa arbennig rhwng Lloegr a theyrnas brenin Ffrainc, yn lle arbennig o dda i glywed y sïon diweddaraf am helyntion gwleidyddol y dydd, a manteisiodd Elis ar y cyfle arbennig a ddaeth i'w ran fel un a chanddo swydd bwysig yn y garsiwn. Y dref honno oedd y rhiniog rhwng Lloegr a'r byd mawr, a thrwyddi y teithiai llawer o bobl ar eu ffordd i Ffrainc neu wledydd eraill: llysgenhadon a negeseuwyr y brenin, milwyr cyffredin a chadfridogion, clerigwyr a phererinion, myfyrwyr ac ysgolheigion ar eu ffordd i brifysgolion y Cyfandir, a marsiandïwyr o bedwar ban byd. Dyma le delfrydol i groniclwr gael gafael ar bob math o wybodaeth, ar glawr ac ar lafar, wrth i bobl fynd a dod yn ddi-baid, gan gludo'r newyddion diweddaraf yn ogystal â llawysgrifau a llyfrau printiedig yn Lladin, Saesneg, Ffrangeg ac ieithoedd eraill. Os oedd y cyfrolau y cawsai eu benthyg yn cynnig gwybodaeth am y gorffennol, yr oedd Elis Gruffydd yn gallu manteisio hefyd ar ei gyfle i glywed fersiynau swyddogol ac answyddogol o straeon y dydd. Y mae rhan olaf ei *Gronicl* yn drysorfa llawn manylion am flynyddoedd olaf Calais dan lywodraeth y Saeson, ac yn llenwi bylchau yn yr wybodaeth sydd ar gael mewn ffynonellau eraill.

Ond er mwyn adrodd hanes cyfnodau cynharach, wrth gwrs, rhaid oedd troi at ffynonellau ysgrifenedig, sef llawysgrifau a llyfrau printiedig. Fel y gwelsom eisoes, erbyn oes Elis Gruffydd yr oedd y diwydiant argraffu yn ehangu'n gyflym iawn trwy Ewrop ac yn dod yn gyfrwng pwysig i ledu gwybodaeth. Oherwydd maint anferthol llawysgrif y *Cronicl*, sy'n cynnwys dros fil o ddail, neu ddwy fil o dudalennau, a chan mai llawysgrif Elis Gruffydd ei hun yw'r unig gopi cyflawn sydd gennym, ac na chyhoeddwyd erioed mohoni yn ei chrynswth, anodd yw gwneud arolwg cynhwysfawr o'i chynnwys ac o'r ffynonellau a ddefnyddiwyd wrth gyfansoddi. Yn ystod y ganrif hon, fodd bynnag, bu nifer o ysgolheigion megis Thomas Jones, Prys Morgan a Patrick Ford yn ymgodymu â gwahanol rannau o'r *Cronicl* a'u cyhoeddi, ond erys llawer iawn o waith eto i'w wneud o ran golygu a chyhoeddi'r testun. Serch hynny, y mae'r ymchwil a gyflawnwyd eisoes yn ein galluogi i sôn am rai o'r ffynonellau y mae'r *Cronicl* yn ddyledus iddynt, er mai anodd iawn, ar adegau, yw penderfynu o ba lyfr yn union y cododd Elis Gruffydd ei wybodaeth. Y mae sawl rheswm am yr anhawster hwn. Yn gyntaf oll, ni chyfeiria'r croniclwr yn gyson at y llyfrau a ddefnyddiodd, a phan wna hynny gall fod yn hynod o amwys. Yn amlach na pheidio, bodlona ar sôn am 'lyfrau' neu 'awduron' neu 'yr ysdori', gan ddefnyddio fformiwlâu arbennig er mwyn rhoi tipyn o awdurdod i'w osodiadau, ymadroddion fel 'megis y mae rhai o'r llyfrau yn dangos', 'canys y mae rhai o'r awduron wedi dangos', neu 'megys ac y mae'r ysdori yn dangos'. Ond nid yw'r termau niwlog hyn yn rhoi unrhyw awgrym inni am y ffynonellau a ddefnyddiai, heblaw eu bod yn rhai ysgrifenedig; prif amcan y cyfeiriadau hyn oedd sicrhau hygrededd y croniclwr yng ngolwg ei ddarllenwyr. Unwaith yn rhagor, dilyn hen draddodiad croniclwyr a llenorion yr Oesoedd Canol a wnâi yn hyn o beth, ac ni ddisgwylid yn y cyfnod hwnnw i'r fformiwlâu confensiynol hyn fod yn hollol ddiffuant a dibynadwy bob tro. Ond, yn wahanol i rai o'i ragflaenwyr, nid oedd Elis Gruffydd yn fwriadol gelwyddog neu gamarweiniol yn ei ddefnydd o'r ymadroddion hyn; yr oedd yn ddigon gonest i dynnu sylw'r darllenydd ar adegau at anghysondeb ymhlith ei ffynonellau. Ambell dro ceir ganddo ymadroddion fel 'hefyd y mae proses yr ysdori mewn rhai o'r llyfrau yn dangos . . .' neu 'Ac wrth opiniwn rhai o'r bobl . . . onid eraill sydd yn dangos y gwrthwyneb', sy'n profi bod Elis Gruffydd yn ddigon o feirniad i sylwi nad oedd consensws barn ymhlith ei ffynonellau ac i nodi hynny.

Eto i gyd, ceir rhai cyfeiriadau hollol bendant ganddo wrth enwi awdur neu destun. Yn gynnar yn y *Cronicl* cyfeiria at lyfr gan 'Rasdel', 'yr hwn a elwis ef Difyrwch y Bobl', sef *The Pastyme of People*, cronicl byr yn Saesneg gan John Rastell a argraffwyd tua 1530. Dro arall y mae'n crybwyll Robert Fabian, awdur *The New Chronicles of England and France*

(1504, argraffwyd 1516), ac yn bur aml cyfeiria at y 'Polycronicon'. Cronicl dylanwadol iawn oedd y *Polychronicon* a bu'n chwarel i genedlaethau o groniclwyr yn Lloegr. Fe'i cyfansoddwyd yn Lladin yn wreiddiol, rhwng tua 1327 a'r 1360au, gan fynach o Gaer, Ranulf Higden, ond ceir cyfieithiadau Saesneg ohono hefyd, y pwysicaf ohonynt gan frodor o Gernyw, John Trevisa, yn y 1380au. Anodd, onid amhosibl, yw ceisio profi pa fersiwn neu fersiynau o'r *Polychronicon* a ddefnyddiai Elis Gruffydd, oherwydd wrth iddo gyfieithu ac addasu'r darnau yr oedd eu hangen arno, diflannai llawer o'r manylion a oedd yn amrywio o'r naill destun i'r llall. Rhaid gochel hefyd rhag derbyn gair Elis Gruffydd bob tro. Mewn un man ceir yr ymadrodd 'megis ac y mae Polycronicon yn dangos', ond erbyn inni graffu ar y manylion gwelwn mai ailadrodd geiriau Robert Fabian, a oedd yntau'n cyfeirio at y *Polychronicon*, yr oedd y Cymro! Ond yn amlach na pheidio, ni roir unrhyw awgrym pendant am y testunau a fu'n gloddfa iddo, a'r unig ateb yw cymharu'r *Cronicl* â nifer o ffynonellau a oedd ar gael yn hanner cyntaf yr unfed ganrif ar bymtheg. O wneud hynny gwelir ei fod yn ddyledus iawn am ddarnau helaeth o hanes y Brenin Arthur i *The Chronicles of England* (argraffiad cyntaf 1480) gan yr argraffwr enwog William Caxton. Eto i gyd, ac er ei fod ar adegau yn dilyn testun Caxton yn agos iawn, ni chrybwylla ei enw wrth wneud hynny. Yr oedd yn gyfarwydd hefyd â rhamantau Arthuraidd Saesneg, fersiynau o'r *Morte d'Arthur* gan Malory a'i ragflaenwyr dienw, testunau y cyfeiriai atynt fel 'llyfr o farwolaeth Arthur'.

Rhydd y rhan Arthuraidd o'r *Cronicl* enghraifft dda inni o ffordd Elis Gruffydd o blethu deunydd o ffynonellau amrywiol iawn mewn gwahanol ieithoedd. O *Historia Regum Britanniae* Sieffre o Fynwy y daeth y sgerbwd, ond nid yw'n dilyn testun Sieffre yn agos iawn, ac eithrio o bosibl yn y rhan gyntaf lle adroddir hanes cenhedlu Arthur. Mewn mannau, dewisodd Elis Gruffydd ddilyn croniclau Caxton a Robert Fabian, a oedd wedi eu seilio ar waith Sieffre, ond cafodd elfennau o'r testunau hyn eu cyd-wau â deunydd o ffynonellau Cymraeg, rhestr *Y Pedwar Brenin ar Hugain*, er enghraifft, neu *Darogan yr Olew Bendigaid*, chwedl o'r bymthegfed ganrif. Rhaid cydnabod bod y testunau Cymraeg hyn wedi eu seilio yn eu tro ar ffynonellau a gymysgai draddodiadau brodorol â rhai mwy diweddar o Ffrainc a Lloegr, ond ceir tystiolaeth hefyd fod Elis Gruffydd yn gyfarwydd â thraddodiadau o dras Gymreig bur, fel pan ddywed mai 'Hangwen' oedd enw neuadd Arthur, manylyn a geir yn chwedl *Culhwch ac Olwen* ac ym marddoniaeth Tudur Aled, er enghraifft. Mawr hefyd oedd dyled Elis Gruffydd i ramantau Ffrangeg y drydedd ganrif ar ddeg, yn enwedig *Le Lancelot en Prose.* Seiliwyd yr 'epilog' i hanes Arthur, lle ymgodyma'r croniclwr â chestiwn dilysrwydd hanes Sieffre o Fynwy, yn gyfan gwbl bron ar ddarn o'r *Pastyme of People* gan John Rastell, er nad yw Elis Gruffydd yn cydnabod hynny. Nid ceisio twyllo ei ddarllenwyr yr oedd, fodd bynnag, eithr dilyn patrwm cydnabyddedig o gyfansoddi naratif ar ffurf cronicl, sef codi gwybodaeth o wahanol ffynonellau a'u gwau i'w gilydd mewn ffordd newydd.

Gan fod Elis Gruffydd wedi defnyddio cynifer o ffynonellau (ac weithiau fwy nag un ar y tro), a'i fod, gan amlaf, wedi cyfieithu i'r Gymraeg yn ogystal â thocio a chydblethu, a hynny mewn arddull fywiog, unigryw, rhaid derbyn mai dilyn proses greadigol yr oedd a bod y math o 'hanes' a gyflwynir yn y *Cronicl* yn cofleidio rhychwant eang o naratifau yr oedd natur eu perthynas â'r hyn y tybiwn ni heddiw eu bod yn ffeithiau 'hanesyddol' yn amrywio. Nid oes yn y Gymraeg, yn fwy nag mewn ieithoedd Ewropeaidd eraill megis Ffrangeg ac Almaeneg, ddau air gwahanol am yr hyn a elwir yn Saesneg yn 'story' ar y naill law a 'history' ar y llall: i Elis Gruffydd, hanes oedd y cwbl. Dyna paham y ceir ymhlith ei ffynonellau, ochr yn ochr â'r croniclau y gellid eu gosod yng nghategori 'hanesyddiaeth', ramantau Ffrangeg, sef ffuglen yr Oesoedd Canol. Eto i gyd, nid oedd yn anarferol i groniclwyr gynnwys straeon hud a lledrith wrth adrodd digwyddiadau 'hanesyddol'; hynny yw, cynhwysid elfennau storïol neu chwedlonol yn y croniclau canoloesol, tra oedd y rhamantau hwythau i raddau dan ddylanwad confensiynau'r cronicl, ac yn honni'n hollol fwriadol fod yr 'hanes' a adroddid ynddynt yn un 'gwir'. Yn fwy na hynny, seiliwyd y gymdeithas a ddarlunnir yn y rhamantau ar un y llenor ei hun, er bod y digwyddiadau yn aml yn perthyn i oes gynharach—i oes y Rhufeiniaid, neu'r Brenin Arthur, er enghraifft, ac o ganlyniad yr oedd modd trafod, barnu neu ddychanu arweinwyr, digwyddiadau neu arferion cyfoes heb unrhyw berygl. O ganlyniad, tenau iawn oedd y ffin rhwng y ddau fath o hanes, a pheth hollol naturiol oedd i ddyn fel Elis Gruffydd, a fagwyd ar gynhysgaeth ddiwylliannol yr Oesoedd Canol, beidio â gwahaniaethu rhyngddynt.

Pan restrir yr holl ffynonellau ysgrifenedig y gallwn fod yn sicr fod Elis Gruffydd wedi dibynnu arnynt, anodd yw credu bod y cwbl o'i flaen wrth ysgrifennu'r *Cronicl.* Fel y gwelsom eisoes, cawsai afael ar nifer o lyfrau gan ddinasyddion eraill yng Nghalais, ond ni wyddom a gafodd eu benthyca am gyfnod neu ynteu eu darllen yng nghartrefi eu perchenogion. Y mae'n debygol iawn, fodd bynnag, mai codi nodiadau wrth ddarllen oedd ei arfer, fel yr awgrymodd Prys Morgan. Ni wyddom, ychwaith, pryd yn union y dechreuodd ar y gwaith o gasglu deunydd a fyddai o gymorth iddo yn nes ymlaen wrth ddechrau o ddifrif ar y gwaith o lunio'r *Cronicl,* ond gallwn dybio iddo fod wrthi dros gyfnod maith o flynyddoedd. Os ydym yn iawn i dybio mai hon oedd ei ffordd o weithio, byddai wedi hwyluso yn arw y dasg o ddod â nifer helaeth o fersiynau o'r un stori at ei gilydd i'w cymharu cyn dethol un ohonynt; byddai'r un ddamcaniaeth hefyd yn esbonio rhai o'r bylchau a'r camgymeriadau annisgwyl a geir bob hyn a hyn, a'r gwahaniaethau sylweddol o ran geirfa rhwng ei ffynonellau a'i destun terfynol ef.

O gofio safle daearyddol a gwleidyddol Calais, hawdd deall sut y llwyddodd i gael gafael ar bob math o lyfrau y byddai eu hangen arno wrth baratoi'r *Cronicl.* Fel y pwysleisiodd Prys Morgan, y dref honno oedd 'ffin Lloegr â'r byd mawr'. Eto i gyd, rhaid cofio bod Elis Gruffydd wedi troi hefyd at ddeunydd a gasglwyd ynghyd ganddo cyn ymsefydlu yng

Nghalais; er enghraifft, rhai o'r testunau Cymraeg a ymgorfforwyd yn y *Cronicl.* Ond ymhlith trigolion Calais a'r ymwelwyr dros-dro, buasai wedi cyfarfod y boneddigion a oedd yn meddu ar lyfrgelloedd preifat yn cynnwys y testunau Lladin, Ffrangeg a Saesneg a fu'n ffynonellau pwysig ar gyfer y rhannau cynharaf o'r *Cronicl.* Yn eu plith, o bosibl, yr oedd yr hynafiaethydd John Leland (?1506-52), a oedd yn Brotestant fel Elis Gruffydd ei hun ac a rannai hefyd ei ddiddordeb yn hanes tybiedig y brenin Arthur. Ym 1530, yr union flwyddyn pryd yr aeth Elis Gruffydd i fyw i Galais, penodwyd Leland yn rheithor plwyf Pepeling gerllaw, ond, ysywaeth, nid oes prawf pendant i'r Sais ymsefydlu yno. Ond gwyddom i sicrwydd fod bonheddwr arall, John Bourchier, Arglwydd Berners, wedi treulio rhai blynyddoedd yno, o 1520 tan ei farwolaeth ym 1533. Pan gyrhaeddodd Elis Gruffydd ym mis Ionawr 1530, yr oedd Berners yn ddirprwy-lywodraethwr yno, ac o gofio safle'r Cymro yng ngosgordd y brenin, y mae'n anodd credu na fyddent wedi cyfarfod â'i gilydd, yn enwedig o ystyried diddordebau a gweithgareddau llenyddol a hanesyddol y ddau. Yng Nghalais y cwblhaodd yr Arglwydd Berners ei drosiad Saesneg o waith y croniclwr o Ffrainc, Jean Froissart, ynghyd â chyfieithiadau eraill o Ffrangeg, Sbaeneg a Lladin, *Arthur of Lytle Brytayne,* er enghraifft, *The Castel of Love,* a Llyfr Aur Marcus Aurelius. Pan fu farw Berners ym 1533, paratowyd rhestr o'i eiddo, gan gynnwys ei lyfrau. Ynddi nodir bod ganddo bedwar ugain o lyfrau yn ei feddiant, rhai ohonynt yn Lladin a Ffrangeg. Tybed, felly, a gawsai Elis Gruffydd gyfle i bori yn y llyfrgell bwysig hon? O ystyried gwaith llenyddol ei pherchennog, y mae'n rhaid bod ynddi groniclau a rhamantau, sef yr union fath o ffynonellau a ddefnyddiai'r Cymro yn ei *Gronicl.*

Un arall a allai o bosibl fod wedi darparu llyfrau ar gyfer Elis Gruffydd oedd y croniclwr o Sais Robert Turpin, awdur y *Chronicle of Calais.* Yn ogystal â rhannu'r un diddordeb mewn cofnodi hanes y dydd, yr oedd y ddau yn adnabod ei gilydd yn dda. Perthynent nid yn unig i'r un gatrawd yng Nghalais, ond i'r union un *vynteyne,* sef cwmni o ugain o

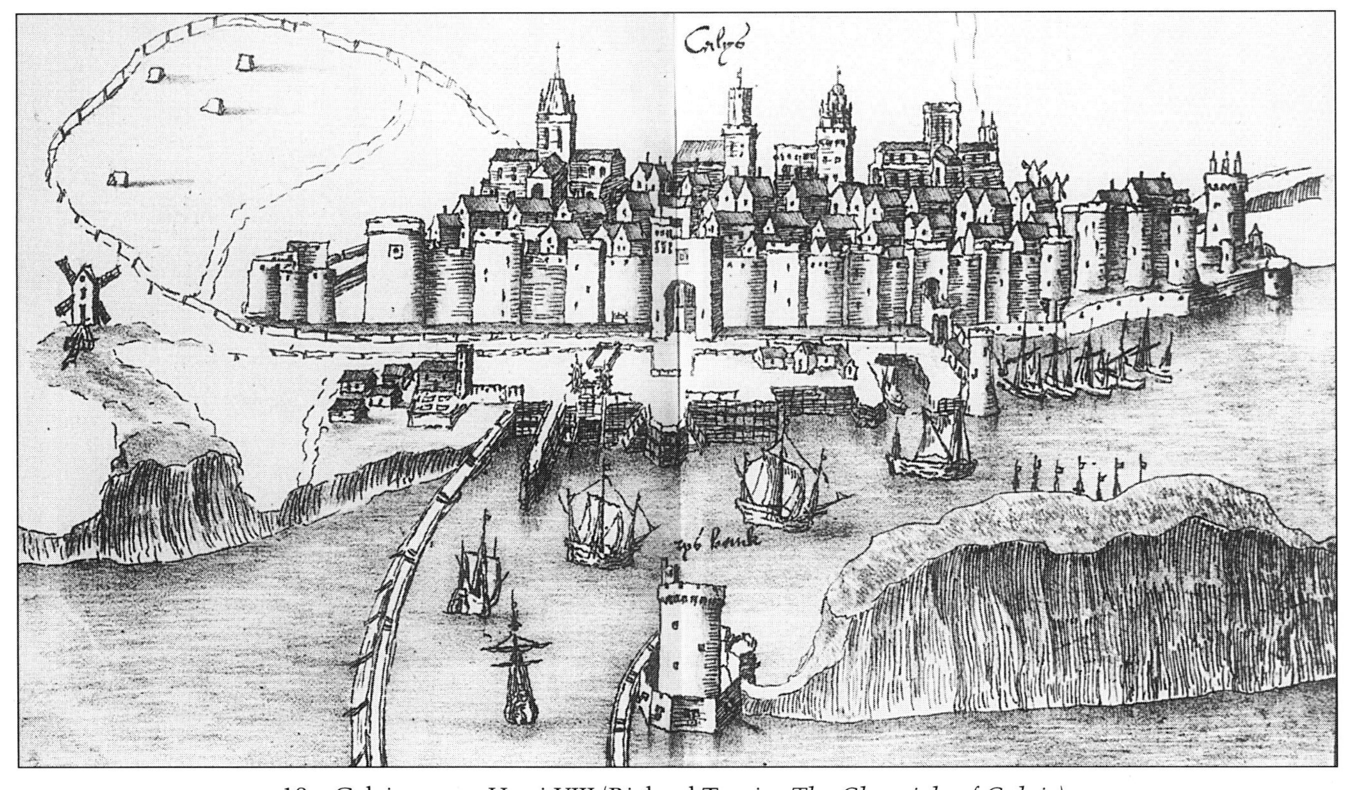

10 Calais yn oes Harri VIII (Richard Turpin, *The Chronicle of Calais*).

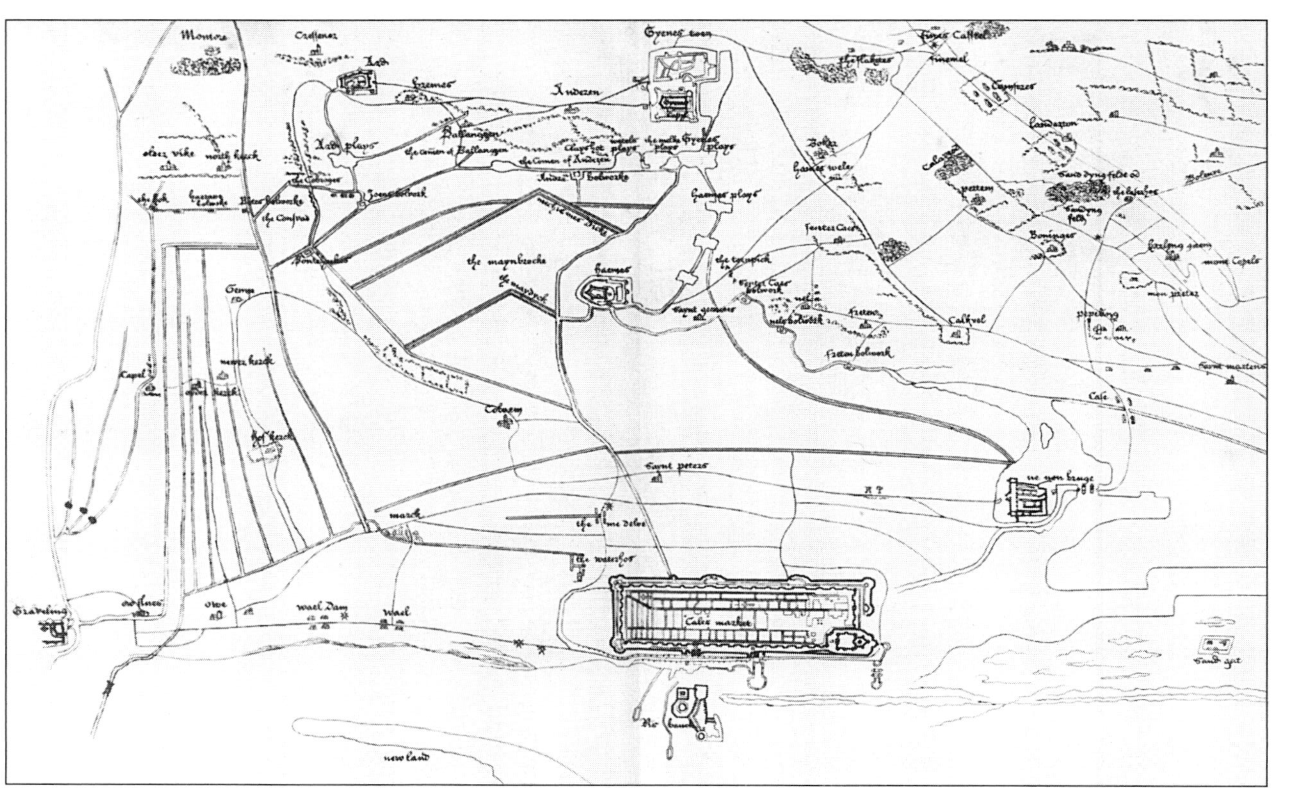

11 Map o ardal Calais yn oes Harri VIII (Richard Turpin, *The Chronicle of Calais*).

filwyr. Fel Elis, yr oedd gan Robert Turpin ddiddordeb arbennig mewn hanes diweddar, ac y mae ei gronicl Saesneg yn olrhain digwyddiadau yng Nghalais neu'n ymwneud â'r drefedigaeth o 1485 hyd 1540. O'i gymharu â gwaith ei gyfaill o Gymro, y mae ei gronicl yn un byr ac arwynebol iawn, ond o gofio y byddai'n rhaid iddo droi at ffynonellau ysgrifenedig ar gyfer blynyddoedd cynharaf ei hanes, gellir tybio bod y ddau wedi rhannu gwybodaeth ac o bosibl lyfrau perthnasol hefyd.

Ond er i Elis Gruffydd fanteisio ar y ffynonellau estron a oedd ar gael iddo yng Nghalais, boed y rheini yn rhai Ffrangeg, Lladin neu Saesneg, nid oedd wedi anghofio ei gynhysgaeth Gymraeg. Gwelsom eisoes iddo ddefnyddio testunau Cymraeg megis y *Pedwar Marchog ar Hugain*, a rhaid gofyn ymh'le a phryd y cafodd afael ar y math hwn o ddeunydd. Er mwyn ateb y cwestiwn hwnnw, rhaid mynd yn ôl i ddyddiau ieuenctid Elis Gruffydd. Yn ystod y bymthegfed ganrif yr oedd gogledd-ddwyrain Cymru yn ganolfan bwysig i feirdd, copïwyr a hynafiaethwyr. Yn Nyffryn Clwyd a'r ardaloedd cyfagos, ffynnai dysg draddodiadol y Cymry, gan gynnwys gwaith copïo llawysgrifau Cymraeg. Tua diwedd y bedwaredd ganrif ar ddeg, ceid y gweithgaredd mwyaf yn y maes hwn yn y de-ddwyrain, ond ymhen canrif yr oedd y canolbwynt wedi symud i'r gogledd-ddwyrain. Un o gopïwyr amlycaf yr ardal honno yn ail hanner y bymthegfed ganrif oedd Gutun Owain (yn ei flodau 1460-tua 1500-3). Yr oedd yn fardd, yn gopïydd, yn achyddwr a hanesydd, ac wedi ei drwytho yn y 'tri chof', y tri maes pwysig i'r beirdd, sef yr iaith Gymraeg, hanes y genedl, ac achau'r teuluoedd bonheddig. Ond os oedd meistrolaeth ar y tri chof yn sicrhau lle anrhydeddus i Gutun Owain yn y diwylliant seciwlar, yr oedd ganddo droedle hefyd yn y byd eglwysig, yn bennaf trwy ei gysylltiadau agos ag abaty Dinas Basing, lle bu'n gyfrifol am gopïo llawysgrif enwog, Llyfr Du Basing (LLGC LLS. 7006D). Y mae'r wyth llawysgrif a gopïwyd yn gyfan gwbl neu yn rhannol ganddo, ac a gadwyd hyd heddiw, yn dangos fel y pontiai ei ddysg ddau fyd, sef byd y beirdd a'u dysg seciwlar ar y naill law, a dysg y gyfundrefn fonastig ar y llall. Mae llawysgrif Llanstephan 28 yn nodweddiadol yn hyn o beth, oherwydd copïodd Gutun Owain ynddi bob math o destunau, gan gynnwys rhai crefyddol fel *Ymborth yr Enaid,* a bucheddau saint megis Marged a Chatrin, rhai ar hanes Ynys Prydain—er enghraifft *O oes Gwrtheyrn Gwrtheneu* a rhestr o frenhinoedd Lloegr o Wilym Goncwerwr hyd Harri VI—ynghyd ag achau, gan gynnwys ach Llywelyn ap Iorwerth, ryseitiau meddygol a deunydd ffug-wyddonol fel *Swm y milltiroedd o'r ddaear hyd y ffurfafen,* yn ogystal â'r *Pedwar brenin ar Hugain,* a nodiadau eraill, traddodiadol eu naws, yn ymwneud â'r Brenin Arthur. O droi'n ôl yn awr at yrfa Elis Gruffydd, gwelwn fod ei ddiddordebau yntau fel copïydd i raddau helaeth iawn yn dilyn yr un patrwm. Yn ei lawysgrif gynharaf, Caerdydd 5, dewisodd lunio cyfrol amrywiol yr oedd ei chynnwys yn adlewyrchu'r un rhychwant dysg—dysg seciwlar a chrefyddol—ag a welir yng ngwaith Gutun Owain. Ymhlith cyfrolau'r bardd gellir darganfod cynsail hyd yn oed i ddiddordeb Elis Gruffydd mewn casglu ryseitiau a chynghorion meddygol, fel y gwnaeth yn llawysgrif Cwrtmawr 1, ac o edrych ar holl lawysgrifau Gutun Owain cawn nifer o destunau o bob math a gopïwyd gan y ddau. Y mae'n wir na allwn ddadlau bob tro mai copi Gutun Owain a oedd o flaen Elis Gruffydd, ond o gofio tuedd Elis i aralleirio a gosod ei arddull arbennig ei hun ar unrhyw destun a gopïai, ni allwn anwybyddu'r posibilrwydd iddo weld rhai o lawysgrifau Gutun Owain neu gopïau ohonynt. Yn wir, ceir un enghraifft yn y *Cronicl* lle y dywed Elis Gruffydd, yn rhyfedd iawn, mai Durendard, nid Caledfwlch, oedd enw cleddyf Arthur, a'r unig ffordd i esbonio'r camgymeriad hwn yw tybio mai camgopïo nodyn gan Gutun Owain yn llawysgrif Llanstephan 28 a wnaeth.

Er i Elis Gruffydd adael ei fro enedigol pan oedd yn ŵr ifanc, felly, yr oedd eisoes wedi manteisio ar ei gwaddol diwylliannol, ac o ystyried y tebygrwydd rhwng ei ddiddordebau ef a'r testunau a gadwyd ar glawr gan Gutun Owain, rhaid gofyn a oedd y ddau yn adnabod ei gilydd. Yr oedd y

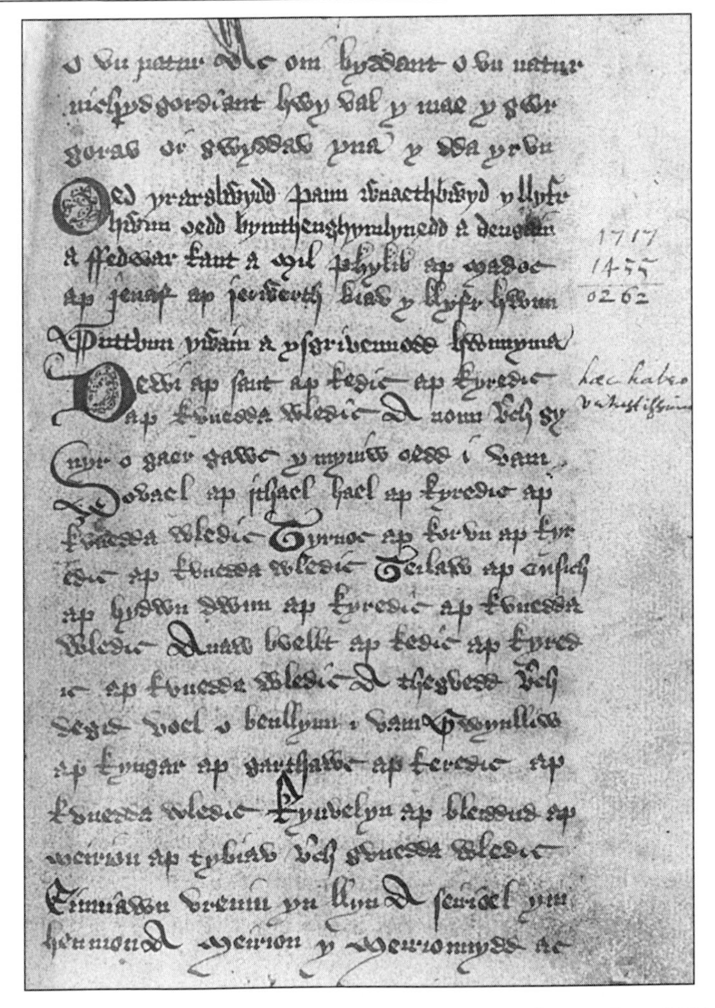

12 Llawysgrifen y copïwr Gutun Owain (LLS. Llanstephan 28B).

bardd yn dal yn fyw pan oedd Elis Gruffydd yn llanc ifanc, a byddai'n siŵr o fod wedi clywed amdano ef a'i waith; efallai yn wir fod yr hen ŵr wedi gosod nod i'w efelychu gan y bachgen. O edrych ar gynnwys llawysgrifau Elis Gruffydd, ni allwn lai na barnu ei fod ar un ystyr yn etifedd i Gutun Owain—gydag un eithriad bwysig: nid oedd Elis Gruffydd yn barddoni!

Ar wahân i ddylanwad uniongyrchol Gutun Owain, gwelir bod Elis Gruffydd yn gyfarwydd â ffynonellau a gopïwyd gan eraill yn y gogledd-ddwyrain. Yn ei *Gronicl* copïodd, er enghraifft, destun a elwir Darogan yr Olew Bendigaid, a fersiwn ohono a geir mewn llawysgrifau o'r gogledd-ddwyrain yn unig yn ystod y cyfnod hwnnw. O ystyried nifer y testunau a'r traddodiadau Cymraeg a gofnodwyd gan Elis Gruffydd, y mae'n annhebygol mai yn ystod ei lencyndod yn unig y cafodd afael arnynt. Eto i gyd, y mae ei ysgrifen broffesiynol ei golwg, a'i hyder wrth ysgrifennu, yn dangos iddo dderbyn hyfforddiant da fel copïydd, ac efallai mai'r cymwysterau hyn, yn ogystal â'i brofiad fel milwr, a berswadiodd Syr Robert Wingfield i'w benodi i swydd gyfrifol yn ei wasanaeth. Ond nid oedd alltudiaeth o Gymru yn golygu bod Elis Gruffydd wedi ei amddifadu o'r diwylliant Cymraeg. Pa le bynnag yr âi yn ystod ei yrfa, câi gwmni ei gyd-Gymry. Yr oedd llawer o Gymry, fel yntau, wedi ymuno â'r fyddin, ac wrth sôn am ei brofiadau fel milwr yn Ffrainc yn y 1520au, er enghraifft, cyfeiriai yn aml at berthynas iddo, Siôn Dafydd, neu Siôn ap Dafydd ap Rhys ap Gruffydd, a hanai hefyd o'r Gronant. Fel y gwelsom, treuliodd Elis gyfnod yn Llundain yn gofalu am dŷ ei feistr, ac y mae'n debyg y byddai'n cymdeithasu ymhlith y Cymry niferus eraill a oedd yn byw yn y brifddinas: y mae'n bosibl ei fod wedi benthyca llyfrau gan ambell un. Yng Nghalais hefyd yr oedd digon o Gymry yn gwasanaethu, gan gynnwys cefnder iddo, Ieuan Llwyd ap Sion Kyffin o Lanarmon, Dyffryn Ceiriog, a fu'n aros yn nhŷ Elis yno am gyfnod tra oedd yn wael ei iechyd, ac a fu farw dan ei gronglwyd ef.

Y mae'r cysylltiadau cyson hyn â Chymry alltud yn esbonio sut y cadwodd Elis Gruffydd afael mor gadarn ar ei famiaith a'r diwylliant a oedd ynghlwm wrthi, er iddo dreulio'r rhan helaethaf o'i oes yn byw y tu allan i Gymru. Er bod llawer o eiriau—a hyd yn oed briod-ddulliau—Saesneg wedi llithro i'w iaith, yr oedd ei eirfa yn y Gymraeg yn dal yn syfrdanol o gyfoethog, a'i arddull yn ymddangos inni heddiw fel un hynod naturiol. Ei brif fai oedd peidio â rhoi sylw i hyd a saernïaeth ei frawddegau. Ond cawn yr argraff ei fod yn ysgrifennu fel y byddai'n siarad, a'i frwdfrydedd wrth adrodd stori yn drech ar adegau na'i awydd i gadw trefn ar y naratif.

Cwmnïaeth ei gyd-Gymry sy'n esbonio hefyd sut y clywsai rai o'r straeon gwerin a ymgorfforwyd yn y *Cronicl.* Dengys ei waith llenyddol pa mor gyfarwydd yr oedd â chyfoeth o lên gwerin. Perthyn nifer o'r chwedlau a gopïodd i ogledd-ddwyrain Cymru, fel y disgwyliem: chwedl onomatig Huail ap Caw, er enghraifft, sy'n egluro sut y cafodd Maen Huail yn nhref Rhuthun ei enw, neu'r stori am y Brenin Arthur yn mynd i hela yn sir Ddinbych ac yn cael ei garcharu gan deulu o gewri. Copïodd fersiwn o chwedl hud a lledrith Llywelyn ap Iorwerth a Chynwrig Goch o Drefriw, hanes a gofnodwyd yn gynharach gan Gutun Owain yn llawysgrif Peniarth 27, ac o gofio fod Elis Gruffydd wedi troi'n Brotestant, y mae'n arwyddocaol nad yw ei fersiwn ef yn cynnwys y cyfeiriadau sydd gan Gutun Owain at Fair o Drefriw. Elis Gruffydd oedd yn gyfrifol am gofnodi'r fersiwn cynharaf sydd gennym o *Ystoria Taliesin*, chwedl sy'n adrodd hanes genedigaeth ryfeddol y bardd Taliesin a'i orchestion cynnar yn llys Maelgwn Gwynedd. Er bod Elis Gruffydd yn cyfeirio at fersiynau ysgrifenedig a welsai o'r chwedl honno, noda hefyd amrywiadau ar y stori a gadwyd gan 'y bobl', hyd yn oed pan gredai ef yn bersonol fod rhai o'r manylion hynny yn 'bell oddi wrth reswm a phwyll'. Gwyddai hefyd am draddodiadau o ardaloedd y tu draw i Glawdd Offa, ond a oedd o ddiddordeb i'r Cymry, yn enwedig rhai yn ymwneud â'r brenin Arthur, megis y chwedl am wraig o Swydd Gaerloyw a welodd Arthur a'i filwyr yn cysgu mewn ogof, neu am y bobl yng Ngwlad-yr-haf a gredai fod Arthur yn cysgu yn Ynys Wydrin:

> . . . kanis y maent hwy yn dywedyd ac yn coelio yn gadarn y cyfyd ef [Arthur] drachefn i fod yn frenin, y rhain yn eu hopiniwn a ddywaid ei fod ef yn cysgu mewn ogof dan fryn gerllaw Glasynbri [Glastonbury]. Ac yn wir, pe gellid rhoddi coel i rai ymrafaelion bobl o'r ardal hwnnw, efo a ymddangoses ac a ymddiddanodd â

> bobl mewn llawer modd rhyfedd ers trichant o flynyddoedd.

Weithiau cyflwyna Elis Gruffydd chwedl yn union fel petai'n destun hanesyddol ddilys, hyd yn oed os oedd elfennau hud a lledrith yn perthyn i'r stori. Ymgorfforir chwedl Llywelyn ap Iorwerth a Chynwrig Goch o Drefriw, er enghraifft, yn hanes Llywelyn heb unrhyw sylw beirniadol. Credai fod ffynonellau llafar yr un mor bwysig i'w cofnodi â rhai ysgrifenedig, a chyn belled â'u bod yn cadw o fewn 'pwyll a rheswm' yr oedd yn barod i'w derbyn fel rhai dilys, gan nodi ambell waith anghysondeb rhwng ffynhonnell lafar ac un ysgrifenedig. Fe ddywed, er enghraifft, fod un stori yn 'sathredig [cyffredin] ymhlith pobl y deyrnas hon' tra bod fersiwn arall ohoni 'wedi ei ysgrifennu mewn llyfrau'. Yn yr un modd, er iddo bwysleisio awdurdod ei ffynonellau er mwyn argyhoeddi ei ddarllenwyr, yr oedd yn barod iawn hefyd i arddel fformiwlâu gwyleidd-dra, gan gydnabod nad oedd hi'n bosibl i waith fel y *Cronicl* fod yn berffaith. Nid oedd, meddai, ond yn 'wr simpyl, di-sas, di-ddysg, anwybodol a fai yn cymeryd arno fod yn ben llongwr', ac estynnai wahoddiad i'w ddarllenwyr gywiro ei waith:

> . . . Neithr y mae yn rhai[d] i chwi gymeryd pin ac inc yn eich llaw y[n o]gystal i geryddu'r beiau, i nodi'r sentensys ac i nodi'r materion yn y mardgientys [Saesneg 'margins'].

Beth, felly, a'i hysgogodd i gyfansoddi'r *Cronicl*, a beth oedd ei fwriad? Yr unig awgrym a rydd Elis Gruffydd ei hun yw hwnnw yn y cyflwyniad i ail ran y *Cronicl*, lle y dywed mai ei nod oedd 'dwyn llawer o bethau nodedig o ystoriau ardderch[og]ion, dyledog o barthau'r dwyrain [i'r dwyrain o Gymru, mae'n debyg], o'r rhain ni bu gyswyn amdanynt o fewn Cymru ymysg y cyffredin erioed [o'r] blaen'. Dod â straeon diddorol o wledydd estron i ddwylo Cymry oedd un nod, felly, ond o ddarllen gweddill y cyflwyniad daw un arall i'r amlwg: wrth anfon llawysgrif y *Cronicl* yn ôl i Gymru i ddwylo ei berthynas Thomas Fychan, neu Thomas ap Thomas ap Sion ap Gruffydd Fychan o Bantyllongdy, gobeithiai ennill cefnogaeth hwnnw yn ei ymdrechion aflwyddiannus i gael gafael ar diroedd y credai fod Pyrs Mytton wedi eu dwyn oddi arno. Rhygnodd achos llys ymlaen am flynyddoedd ynghylch y tiroedd hyn, a chwynai Elis ei fod dan anfantais fawr 'oherwydd nad wyf yn abl i ddyfod i'r wlad i ddilyn y gyfraith'.

Go brin mai dyna oedd ei brif amcan wrth lunio'r *Cronicl*, fodd bynnag, ac y mae'n bur debyg fod y syniad o ddefnyddio'r gwaith er mwyn dwyn perswâd ar Thomas Fychan i'w gefnogi wedi dod iddo ar ôl dechrau ar y gwaith. Gall fod sawl rheswm wedi ei ysgogi. I'r sawl a drwythwyd yn ifanc yn niwylliant a dysg gogledd-ddwyrain Cymru ar ddechrau'r unfed ganrif ar bymtheg, yr oedd cynseiliau i'w dilyn. Y mae un o lawysgrifau Gutun Owain, Coleg yr Iesu 6 yn Rhydychen, yn cynnwys cyfres o destunau Cymraeg hanesyddol (neu ffug-hanesyddol) sy'n cyflwyno hanes y byd o oes Adda hyd 1471. Yr oedd cynsail Cymraeg i'r patrwm felly, a hwnnw yn hanu o ardal Elis Gruffydd ei hun; y mae hyn yn awgrymu fod yr hedyn wedi ei blannu yn gynnar iawn yn ei feddwl. Y mae hyn yn debygol iawn, gan fod pob tystiolaeth yn awgrymu fod y deunydd angenrheidiol i gyd ar flaen ei fysedd pan gychwynnodd ar y gwaith ym 1548, a'i fod felly wedi treulio blynyddoedd yn graddol gasglu ffynonellau, gan wneud nodiadau wrth iddynt ddod i law. Mewn geiriau eraill, rhaid ei fod wedi penderfynu yn weddol gynnar ei fod am lunio cronicl a dechrau hel gwybodaeth ar ei gyfer. Os oedd ei gyfaill yng Nghalais, Richard Turpin, eisoes wedi dechrau paratoi ei gronicl yntau, gallai fod hynny'n ysgogiad pellach, er nad yw'n amhosibl mai fel arall yr oedd hi ac mai dilyn esiampl y Cymro a wnaeth Turpin.

Erbyn y 1540au hwyr yr oedd Elis Gruffydd yn ŵr hen iawn, yn ôl safonau'r oes, ac i raddau helaeth agwedd hen ŵr yn bwrw golwg go sarrug dros ei oes ei hun a welir yn y *Cronicl* ar adegau. Fel llawer henwr, ystyriai'r gorffennol yn oes aur, gan gollfarnu'r byd cyfoes. Erbyn diwedd y *Cronicl*, a ddaw â ni at y flwyddyn 1552, ymddengys yn fwyfwy beirniadol a chwynfanllyd, er enghraifft, am bolisïau'r llywodraeth, cyflwr tref Calais, a safonau yn gostwng. Hyd yn oed wrth adrodd ei brofiadau milwrol yn ystod y 1520au, cwyna fod y milwyr dan ei ofal yn rhy ddiog i wneud dim i wella eu cyflwr drwy hel brigau i gynnau tân, er enghraifft, neu adeiladu cysgodfannau iddynt eu hunain. Dichon ei fod hefyd, wrth heneiddio, yn myfyrio ar brofiadau ei lencyndod ac, fel pob alltud, yn hiraethu am y Gymru a fu ac yn ei delfrydu. Eto i gyd, hyd yn oed pan oedd yn ifanc, yr oedd y gyfundrefn y perthynai Gutun Owain a'i debyg iddi yn prysur ddiflannu. Yr oedd oes yr abatai yn graddol ddirwyn i ben cyn i Elis Gruffydd adael Cymru, a chafodd fyw i weld y drefn honno yn cael ei chwalu gan y Brenin Harri VIII yn y 1530au. Erbyn 1540 yr oedd Dinas Basing a'r abatai Cymreig eraill wedi eu cau, ac yr oedd Elis Gruffydd yntau wedi ymwrthod â ffydd ei blentyndod a throi'n Brotestant. Yn y cyfamser yr oedd y gyfundrefn a sicrhâi nawdd i'r beirdd ac a gadwai'n fyw y 'tri chof', yn ymdatod, wrth i'r Cymry bonheddig a fuasai'n gefn iddi groesi'r ffin i dderbyn swyddi breision dan lywodraeth y Tuduriaid. Daeth rhai o'r bonheddwyr hyn yn awduron eu hunain, yn hytrach na chomisiynu gwaith gan eraill, ond yn aml yn yr iaith Ladin neu Saesneg yr ysgrifennent. Yn Lladin y cyfansoddodd Syr John Prys, er enghraifft, ei ateb i ymosodiad Polydore Vergil ar hanes Sieffre o Fynwy a hynny cyn 1545, ac ymhen cenhedlaeth arall, ym 1584, yn Saesneg y cyhoeddodd David Powel ei *Historie of Cambria, now called Wales.* Dylid cofio bod Elis Gruffydd yn ymdrin yn Gymraeg â rhai o'r un materion a drafodwyd yn y ddau lyfr hwn.

Er na wyddom a oedd Elis Gruffydd yn ddigon hyddysg yn yr iaith Ladin i'w hysgrifennu (yr oedd yn gallu ei darllen), nid oes amheuaeth am ei afael ar y Saesneg, gan y byddai'r gallu i siarad, darllen ac ysgrifennu'r iaith honno yn hanfodol pan oedd yng ngwasanaeth Syr Robert Wingfield. Eto i gyd, dewisodd lynu wrth ei famiaith yn ei waith fel golygydd, cyfieithydd a chroniclwr. Peth naturiol oedd dewis y Gymraeg ar gyfer casgliad o destunau o'r math a geir yn llawysgrif Caerdydd 5, ond ar yr olwg gyntaf y mae'n anodd dyfalu ei resymau dros droi eto at yr iaith honno wrth gyfieithu testunau meddygol ac ysgrifennu cronicl, yn enwedig yng Nghalais. Ond efallai mai gweithred o ffydd ydoedd gan un na hoffai rai agweddau ar y byd newydd a welai o'i gwmpas. Efallai hefyd iddo lynu wrth y Gymraeg er mwyn ei argyhoeddi ei hun ei fod yn dal yn Gymro er gwaethaf ei flynyddoedd hir fel alltud. Efallai hefyd ei fod yn anelu at gynulleidfa benodol neu na allai wahanu'r broses ddeallusol o hel ffynonellau a'u golygu oddi wrth yr iaith a oedd yn gyfrwng i'r gwaith hwnnw pan fwriodd ei brentisiaeth.

Amlyga'r dewis hwn y paradocs sy'n ganolog i yrfa Elis Gruffydd. O ran ei waith milwrol a'i wasanaeth i arglwydd o Sais ac yn ddiweddarach i frenin Lloegr, ac o ran ei grefydd Brotestannaidd yn ogystal, perthynai i'r byd newydd, i'r gyfundrefn newydd honno a oedd yn disodli'r hen fyd Cymraeg a oedd mor agos at ei galon, a'r iaith na allai yn ei fyw droi ei gefn arni. Yn yr un modd, dysgodd ddulliau newydd haneswyr mwy beirniadol ei oes, oherwydd gwyddai sut i gymharu ffynonellau a'u pwyso a'u mesur yn ofalus er mwyn dod yn nes at y gwir (er na wnâi hynny'n gwbl gyson). Ond ar yr un pryd dewisodd ddilyn yn y *Cronicl* batrwm y Chwech Oes a berthynai i'r gorffennol, sef i'r Oesoedd Canol. Ond gellid dweud amdano o'r herwydd nid yn unig ei fod yn pontio dau gyfnod, ond mai ef oedd un o'r rhai olaf i barhau'n ffyddlon i'r hen draddodiadau Cymraeg, i'r 'tri chof', a'i fod yn un o'r Cymry cyntaf i ddod yn ymwybodol o'r hyn a gynigiai'r ddysg newydd.

DARLLEN PELLACH

Patrick K. Ford gol., *Ystoria Taliesin* (Caerdydd, 1992).

Antonia Gransden, *Historical Writing in England,* I a II (Llundain, 1974, 1982).

Elis Gruffydd, 'Campau Ercwlff' a 'Mynd drosodd i Ffrainc' yn *Rhyddiaith Gymraeg. Y gyfrol gyntaf. Detholion o Lawysgrifau 1488-1609,* gol. T. H. Parry-Williams (Caerdydd, 1954).

Thomas Jones, 'A Welsh Chronicler in Tudor England', *Cylchgrawn Hanes Cymru,* I (1960).

Thomas Jones, 'Hanes Llywelyn ap Iorwerth a Chynwrig Goch o Drefriw', *Cylchgrawn Llyfrgell Genedlaethol Cymru,* III (1943-4).

Thomas Jones, 'Chwedl Huail ap Caw ac Arthur', *Astudiaethau Amrywiol a gyflwynir i Syr Thomas Parry-Williams,* gol. Thomas Jones (Caerdydd, 1968).

Prys Morgan, 'Elis Gruffydd yng Nghalais', *Bwletin y Bwrdd Gwybodau Celtaidd,* XXI (1965).

Prys Morgan, 'Elis Gruffudd of Gronant—Tudor chronicler extraordinary', *Journal of the Flintshire Historical Society,* XXV (1971-2).

Delwyn Tibbott, 'Llawysgrif Cwrtmawr I', *Cylchgrawn Llyfrgell Genedlaethol Cymru,* XI (1960).

S. Minwel Tibbott, *Castell yr Iechyd gan Elis Gruffydd* (Caerdydd, 1969).

BWRLWM BYWYD Y CYMRY YN LLUNDAIN YN Y DDEUNAWFED GANRIF

Glenda Carr

I would for my part sooner deal with a Turk or a Jew than with a London Welshman.

Lewis Morris

Dod i'th Fint, na fydd grintach,
Wyliau am fis, Wilym fach.
Dyfydd o fangre dufwg,
Gad, er Nef, y Dref a'i drwg . . .

Dyna sut y cyfarchodd Goronwy Owen ei gyfaill Wiliam Parri, gynt o Fôn, a weithiai yn Llundain yn y Bathdy. Ond peidied neb â meddwl mai gwahoddiad iddo ddianc yn ôl i fwynder Môn sydd yma; yr oedd Goronwy ar y pryd yn byw yn Northolt ym Middlesex. Fodd bynnag, o ddarllen y cywydd gellid tybio y byddai cael mynd hyd yn oed 'O dref i Northol draw', chwedl y bardd, yn seibiant digon dymunol. Yr oedd yn hawdd iawn gan y Cymry a ymgartrefodd yn Llundain yn y ddeunawfed ganrif sôn yn hiraethus am y wlad, ac yn fwy fyth am Gymru, ond at ei gilydd yr oeddynt yn eithaf bodlon yn Llundain ac yn anaml, os o gwbl, yr âi'r mwyafrif yn ôl i fro eu mebyd. Yr oedd Richard Morris wedi byw yn Llundain er tua 1721 neu 1722, a phan aeth i Geredigion i helpu ei chwaer-yng-nghyfraith i setlo materion stad ei frawd Lewis flwyddyn ar ôl i hwnnw farw ym 1765, cyfaddefodd mai dyna'r tro cyntaf ers pedair blynedd a deugain iddo fod yng Nghymru. Yr oedd y bachgen o Lanfihangel Tre'r-beirdd wedi troi yn Llundeiniwr i'r carn. Ac y mae Richard Morris cystal ffigur ag unrhyw un i ddechrau sôn am fwrlwm bywyd y Cymry yn Llundain yn y ddeunawfed ganrif:

> Positive, precipitate, indefatigable, quick enough and ingenious, but too credulous; loves his country to excess, and for that reason his countrymen, who all impose upon him that he deals with, and he chuses to deal with them because they are his countrymen, and I would for my part sooner deal with a Turk or a Jew than with a London Welshman.

Nid oedd Lewis Morris wedi clywed am gywirdeb politicaidd, mae'n amlwg. Ond y mae'r uchod, a ysgrifennwyd gan Lewis Morris mewn llythyr at y brawd arall, William, yn Hydref

1757, yn ddisgrifiad da o'r brawd Richard. Y mae'r llythyr yn mynd yn ei flaen, yn y gymysgfa ryfedd o Gymraeg a Saesneg a ddefnyddiai'r brodyr, i sôn am fywyd didoreth Richard yn y ddinas. Poenai Lewis y byddai iechyd Richard yn dioddef oherwydd ei ymlyniad wrth y Cymmrodorion, ymlyniad a'i cadwai ar ei draed yn eu cyfarfodydd tan oriau mân y bore. Weithiau byddai'r wawr yn torri fel yr ymlwybrai Richard yn ôl adref. Ambell dro, yn wir, deuai'r daith i ben ar garreg ei ddrws yn hytrach nag yn ei wely: 'and there sleeps till the watch awake him, or did use to sleep drunk on the vault for four or five hours and afterwards cough for a month'. Gobeithiai Lewis, fodd bynnag, fod Richard ar fin troi dalen newydd ac ymbarchuso rhywfaint, er y byddai hynny'n anodd i un a oedd wedi arfer â'r hyn a alwai'n 'hugger-mugger way of life'. (Fel mae'n digwydd, ac yntau wedi dwrdio ei frawd gymaint am ei fuchedd, fe fu farw Lewis yn 64 oed tra bu Richard fyw i fod yn 76 oed.) Ym marn Lewis, hoffter ei frawd o ddiod a'i haelioni di-ben-draw a oedd i'w beio am ei drueni. Dywedodd fod bron pob un o'r Cymmrodorion yn ei dro wedi troi ato i fenthyca arian. 'Fe roe fenthyg i gnaf brwnt pan fyddai ei deulu ei hun mewn eisiau . . .' Yr oedd Richard Morris yn llawn haeddu'r enw 'Tad y Cymmrodorion'.

Yr oedd Llundain wedi bod yn gyrchfan i Gymry ifainc uchelgeisiol ers cenedlaethau. Caent waith yno, ac yr oedd digon o hwyl a chyfathrach ddifyr iddynt yn y tafarndai a'r tai coffi. Yn y rhain yn anad unman arall y gellid gweld bwrlwm bywyd Llundain. Yno y cyfarfyddai cyfreithwyr a dynion busnes i gynnal eu trafodaethau ac yno hefyd y clywid holl newyddion y dydd a sôn am syniadau newydd a chyffrous. Yr oedd yn naturiol i'r Cymry ymgynnull mewn canolfannau o'r fath a chreu hafan o Gymreictod yng nghanol y ddinas. Yr oedd yn naturiol, hefyd, i'r cyfarfodydd anffurfiol hyn esgor ymhen amser ar gymdeithasau Cymreig. Er bod llawer o'r Cymry a aeth i Lundain wedi ffynnu, a rhai ohonynt wedi dod yn bur gyfoethog, bu eraill yn llai ffodus. Tosturi'r ffodus wrth y gweiniaid a arweiniodd at sefydlu

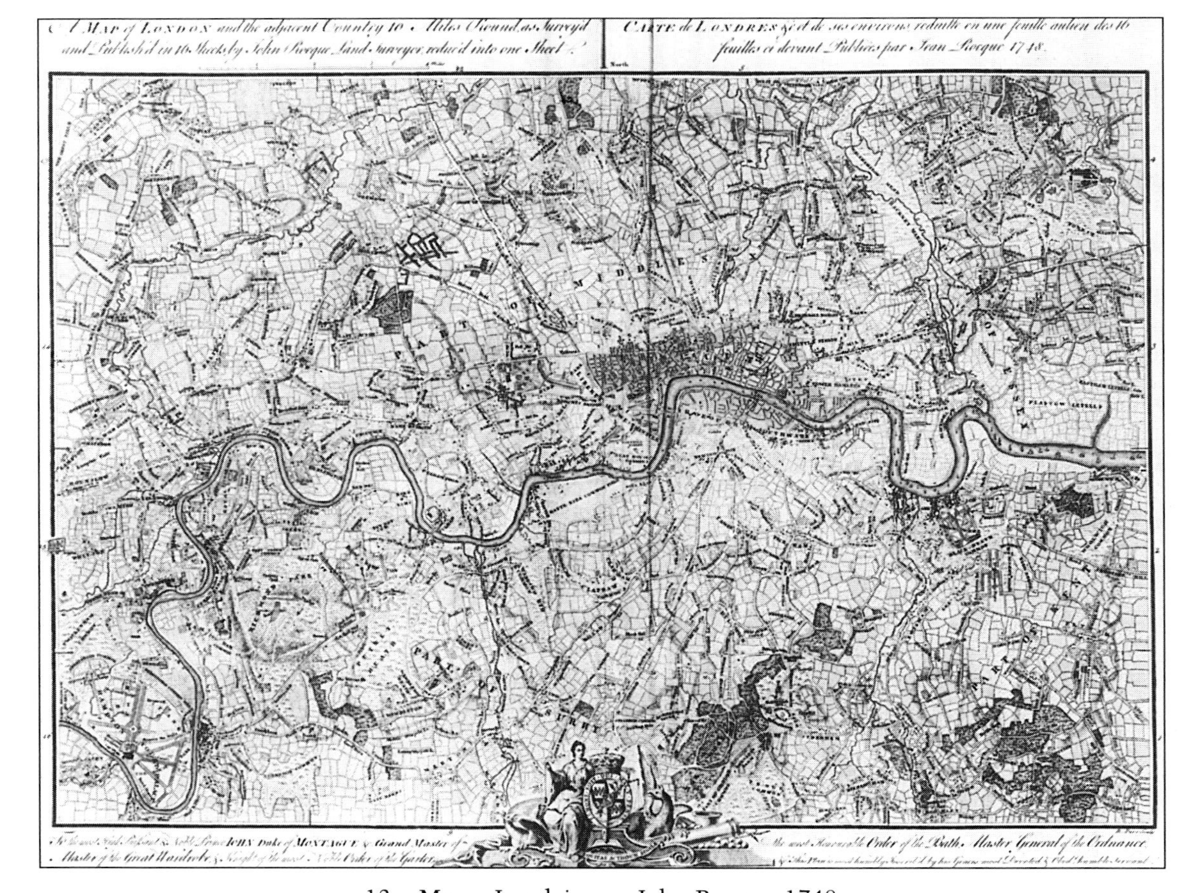

13 Map o Lundain gan John Rocque 1748.

'The Honourable and Loyal Society of Antient Britons', neu'r Hen Frythoniaid, ym 1715. Un o'u hamcanion oedd dangos teyrngarwch y Cymry i'r Hanoferiaid; dyna oedd ergyd y 'loyal' yn eu teitl, ond yr oedd elfen o elusengarwch hefyd yn eu symbylu. I gychwyn, talai'r gymdeithas am brentisio dau Gymro ifanc o deuluoedd anghenus i grefft yn y ddinas, ond yn nes ymlaen ymledodd ei gweithgareddau i sefydlu ysgol yn Clerkenwell i feibion y Cymry; derbynnid merched hwythau ar ôl 1768. Unwaith y flwyddyn y byddai'r Hen Frythoniaid yn cyfarfod, a hynny ar Ddydd Gŵyl Dewi, i wrando ar bregeth ac i wneud casgliad at gynnal yr ysgol. Prin fod yr ymdrech dila hon yn ddigon i gadw fflam Cymreictod yn fyw, a theimlwyd bod angen amgenach darpariaeth ar Gymry'r ddinas. Dyma'r ysgogiad y tu ôl i sefydlu Anrhydeddus Gymdeithas y Cymmrodorion ym 1751.

Crynhoai Richard Morris amcanion Cymdeithas y Cymmrodorion mewn dau air: undeb a brawdgarwch. Fe'i gwelai yn fodd i gadw y Cymry yn Llundain gyda'i gilydd mewn cyfathrach glòs a diddan. Byddai'r gymdeithas newydd hefyd yn ymgymryd â'r cyfrifoldebau elusennol a ysgwyddai'r Hen Frythoniaid gynt gydag Ysgol y Cymry. Ar ben hynny, wrth gwrs, byddai'n fodlon i wireddu'r holl ddyheadau ysgolheigaidd a oedd mor agos at ei galon, ac yn fwy fyth at galon ei frawd Lewis. Bwriad y Morrisiaid oedd sefydlu math o ganolbwynt i hyrwyddo ymchwil i hanes, llenyddiaeth, hynafiaethau, hanes anianol a diwydiannau Cymru. Byddai'r gymdeithas yn llwyfan i drafod amryfal ddiddordebau'r brodyr eu hunain. Yr oedd y Morrisiaid yn dadol iawn eu hagwedd at y gymdeithas: cyfeirient ati fel 'ein cymdeithas ni', ac ym 1754 dywed William mewn llythyr at Richard:

> Mae'n dda gan fy nghalon glywed fod y Gymdeithas o'r eiddoch yn cynyddu bob mis a brawdgarwch yn ymledu fwy fwy.

Gellid tybio, felly, fod popeth yn mynd yn ôl cynllun y brodyr. Ond nid oedd y gymdeithas bob amser yn deilwng o'i galw'n 'anrhydeddus'. Gresynai Lewis mor isel oedd safon ambell gyfarfod; mewn llythyr at William ym Medi 1755, y mae'n disgrifio un ohonynt:

> Staid last night at ye Cymmrodorion Society till two in the morning. Sad work! And I don't know that it served any purpose [in] y[e] world, except meeting an ingenious friend or two . . . Gronow [Goronwy Owen} yno gwedi meddwi fal llo, a rhai eraill yn ymdaeru, etc. Mae'n rhaid cael gwell *ordor* na hyn, ag onide ffarwel Gymrodorion.

Yr oedd lle i wella, felly. Y broblem fawr oedd mai cymdeithas bur gymysg oedd y Cymmrodorion. Un peth yn unig a glymai'r aelodau wrth ei gilydd, sef y ffaith mai Cymry oeddynt. Yr oedd yn anodd i'r Morrisiaid sylweddoli nad oedd y mwyafrif ohonynt yn coleddu'r un dyheadau uchel-ael â hwy eu hunain. Dynion busnes a chrefftwyr oedd llawer iawn o'r aelodau. Y mae rhestr y galwedigaethau yn un ddifyr, yn enwedig o weld yr enwau Cymraeg a roes Richard Morris ar rai ohonynt. Yr oedd yno aurddeilydd (*goldbeater*); lliwydd ysgarlad; march-feddyg; cerrigdowr y Brenin; peraroglydd; diferwr (*distiller*); cocolatydd (*chocolate maker*); ffiol-waedwr (*surgeon*) ; coffiydd; teganwr; masnachwr dwfr poeth (*brandy merchant*), yn ogystal â chrefftau llai cyffrous. Er mor ddiddorol yw rhai o'r galwedigaethau ecsotig hyn i ni heddiw, yr oeddynt ymhell o fod wrth fodd y Morrisiaid snobyddlyd. Dyma oedd rhybudd Lewis i Richard ym Medi 1761:

> Er mwyn Duw, pan brintioch gofrestr newydd o enwau'r Cynrodorion [sic] na rowch hwn a hwn weaver, a hwn a hwn tinker, a hwn a hwn cooper. Let their titles be disguised as much as possible, that every English fool may not have room to laugh in his sleeve and say 'such a society indeed!'

Yr oedd Lewis yn amlwg wedi anghofio mai cowper oedd ei dad ei hun. Ar y llaw arall yr oedd digon o aelodau â '*gent.*' ar ôl eu henwau i'w gadw'n hapus, yn ogystal â gwŷr y gyfraith a'r eglwys. Ac felly, bron ar yr un gwynt â'r llythyr uchod, gallai ddweud wrth Richard:

> Mawr yw parch y Cymmrodorion, fwy fwy y byddo, pwy wyr pa beth a eill ddigwydd oddiwrth ymrwbbio yn y bobl fawr yna!

Ond mae'n fodlon ychwanegu: 'Dynion ydynt, mae'n debyg.' Y fath ddeuoliaeth ryfedd oedd yn y brodyr talentog hyn.

Bu marwolaeth Richard Morris ym 1779 yn ergyd drom i'r Cymmrodorion, ac ni lwyddodd y gymdeithas i lwyr ddod ati ei hun ar ôl y golled. Ni wireddwyd gobeithion y sylfaenwyr, ac o edrych yn ôl ar y gymdeithas gyntaf honno, pur siomedig oedd yr hyn a gyflawnodd yn ymarferol. Y mae'n wir iddi gynorthwyo Dafydd Jones, yr argraffydd o Drefriw, i gyhoeddi blodeugerdd o farddoniaeth a rhyddiaith, a Hugh Jones o Langwm i gyhoeddi casgliad o farddoniaeth. Gellir gweld enw'r gymdeithas hefyd yn rhestr tanysgrifwyr *Gorchestion Beirdd Cymru* Rhys Jones o'r Blaenau. Ond wedi dweud hynny, yr oedd y gymdeithas wedi llwyddo i wneud un peth hynod bwysig, sef creu yng nghalonnau'r Cymry yn Llundain yr ymdeimlad o gymuned, o 'undeb a brawdgarwch', fel y gobeithiasai Richard Morris. Yr oedd hefyd wedi dangos i'r Cymry gartref mai ym mhrifddinas Lloegr bellach y ceid y bobl a oedd yn cyfrif ym myd ysgolheictod, a bod yno gnewyllyn rhyw fath o academi Gymreig a allai roi cyfarwyddyd ar faterion yn ymwneud ag iaith a llenyddiaeth. Mewn oes pan nad oedd gan Gymru ei sefydliadau ei hun, megis prifysgol a llyfrgell genedlaethol, fe lwyddodd y Cymmrodorion i lenwi'r bwlch i ryw raddau. Rhaid cofio hefyd ei bod yn haws yn y cyfnod hwnnw fynd i Lundain nag i lawer rhan o Gymru. Fel y dywedodd Iolo Morganwg mewn llythyr at Owain Myfyr:

> Every part of Wales has an easy and direct communication with London, but North and South Wales have no more intercourse with each other than they have with the man in the moon.

Yr oedd y Cymmrodorion cyntaf wedi palmantu'r ffordd a byddai eraill yn awr yn mynd i mewn i'w llafur hwy. Dechreuodd y broses honno cyn tranc y gymdeithas ym 1787. Cyn 1770 hyd yn oed yr oedd rhai o'r Cymry yn Llundain wedi teimlo'r angen am gymdeithas fwy gwerinol. Nid mater o rwyg oedd hyn, ond yn hytrach o ehangu a chynnig arlwy fwy amrywiol.

Sefydlwyd Cymdeithas y Gwyneddigion ym 1770 gan Owen Jones (Owain Myfyr), gyda John Edwards (Siôn Ceiriog) a Robert Hughes (Robin Ddu yr Ail o Fôn) yn ymuno yn y fenter bron ar unwaith. Fe welir oddi wrth enw'r gymdeithas, ac yn wir oddi wrth ffugenwau'r sylfaenwyr, mai gwŷr y gogledd oedd y tu ôl iddi. Y bwriad oedd denu pob gogleddwr, nid gwŷr Gwynedd yn unig, ond buan iawn y gwarchaewyd arni gan y deheuwyr a chyn hir yr oedd croeso i aelodau o bob rhan o Gymru. Daethai Owain Myfyr o Lanfihangel Glyn Myfyr ym 1741 yn brentis o grwynwr a bu'n gweithio i Messrs. Kidney & Nutt yn Ducksfoot Lane. Ymhen amser daeth yn feistr ar ei fusnes llewyrchus iawn ei hun yn 148 Upper Thames Street. Arferai dreulio deuddeg awr y dydd wrth y gwaith budr o grafu crwyn yn ei warws a byddai'n bur dawedog y pryd hwnnw, ond gyda'r nos yr oedd yn hollol wahanol. Âi'n syth o'i waith tua wyth o'r gloch i dafarn y Bull's Head yn Walbrook lle rhuthrai ei gynffonwyr i'w wneud yn gysurus, gan estyn tair cadair iddo, un iddo eistedd arni ac un bob ochr i gynnal ei freichiau. Yr oedd yn werth ei swcro; gallai fod yn hael iawn pan oedd mewn tymer dda. Beth bynnag, yr oedd yn ddyn pwysig, ac os gellid galw Richard Morris yn dad y Cymmrodorion, yna yn sicr fe ellid galw Owain Myfyr yn dad y Gwyneddigion.

Daeth y geiriadurwr William Owen Pughe i Lundain o'i gartref yn Ardudwy yn llanc ifanc ym 1776. Yn y rhagymadrodd i'w Eiriadur y mae'n disgrifio unigrwydd a hiraeth ei flynyddoedd cynnar yn y ddinas pan drôi at lyfrau Cymraeg am gysur, gan gredu mai ef oedd yr unig un yn Llundain a ymddiddorai yn y Gymraeg a'i llenyddiaeth. Y mae'n anodd credu y gallai fod heb wybod am Gymry'r ddinas, a'r cymdeithasau erbyn hynny wedi hen ymsefydlu. Ond y mae'n rhaid derbyn ei air iddo fod wedi ei ynysu'n llwyr am chwe blynedd nes iddo gyfarfod â Robin Ddu yr Ail o Fôn. Yr oedd wedi taro ar y gŵr gorau posib i'w dynnu i mewn i fwrlwm bywyd y Cymry. Ganwyd Robin Ddu yn y Ceint Bach ym Mhenmynydd, nid nepell o Langefni, a derbyniodd ei addysg farddol gan Hugh Hughes o Lwydiarth Esgob, sef y Bardd Coch a gyferchir yng nghywydd enwog Goronwy Owen. Yr oedd Robin Ddu erbyn hyn yn gweithio i fargyfreithiwr o'r enw Ratcliffe Sidebottom yn Essex Court, Temple. Y mae lle i gredu fod Pughe yntau wedi bod yn glerc i gyfreithiwr ar un adeg ac mae'n bosib mai trwy eu cysylltiadau cyfreithiol y daeth y ddau Gymro i adnabod ei gilydd. Y peth pwysicaf oll am Robin Ddu oedd ei fod yn un o arweinwyr y Gwyneddigion a'i fod, drwy gyflwyno William Owen Pughe i'r gymdeithas, wedi gweddnewid bywyd hwnnw.

Yng 'nghoflyfr' y Gwyneddigion, a gedwir bellach yn y Llyfrgell Brydeinig, ceir y cofnod hwn am 5 Mai 1783: 'Dieithred—hwy a dalasant swllt y llaw', ac ymhlith yr enwau sy'n dilyn ceir dau a oedd i gyfrannu'n helaeth at ddiwylliant y genedl, sef 'Gwill. Owen' [William Owen Pughe] ac 'Edwd Jones (y Musygudd)' [Bardd y Brenin]. Dywed y cofnod am 2 Mehefin eu bod wedi eu derbyn yn gyflawn aelodau a chymryd eu 'llwon gerbron Telyn T. Jones yn ôl arfer y Gymdeithas'. Y mae'n bur debyg fod y gymdeithas wedi canu y noson honno y gân a genid wrth dderbyn aelodau newydd, cân sy'n ymgorffori holl asbri a dyheadau'r alltudion bywiog hyn:

Cydunwn, Wyneddigion, brodorion freisgion fryd,
I ganlyn tannau tynion, yn gyson yma i gyd;
Odiaethol wiw gymdeithion yw'r Brython mawr eu bri,
Naturiol lân gantorion, ond mwynion ydym ni?
Nyni, y Cymry ydym, ar hoffaf decaf hynt,
Yn dilyn hen arferion ein teidiau gwychion gynt:
Mwynderau tannau tyner y delyn lwysber lân,
Mae'n fwyniant mawr i'r fynwes, a chynnes yw ei chân.

14 Portread o William Owen Pughe gan Daniel Maclise.

LONDON, *March* 2, 1789.

PROPOSALS

FOR PRINTING BY SUBSCRIPTION,

IN ONE LARGE HANDSOME VOLUME IN OCTAVO,

DEDICATED TO

THE PRINCE OF WALES,

A

WELSH AND ENGLISH DICTIONARY,

Being a general Repertory of the CAMBRIAN LANGUAGE,

WITH

THE EQUIVALENT ENGLISH EXPLANATIONS;

Collected out of all the Writings and Monuments, ancient and modern, that have been preſerved to the preſent Time. To confirm the Explications of obſcure Words, Quotations will be given, as Authorities, from the LAWS, HISTORY, POETRY, and other Sources that may have tranſmitted to us the Learning of the Ancient Britons: By the careful examining of which upwards of *FIFTEEN THOUSAND WORDS* will be added to this, that are not to be found in any other Dictionary extant.

A complete Collection of *BRITISH PROVERBS* will be added; and alſo an Alphabetical Account of the *PRINCES*, *POETS*, and other celebrated *MEN* that have flouriſhed amongſt the Britons, from the earlieſt Period to the preſent Time.

TO WHICH WILL BE PREFIXED,

A CONCISE WELSH GRAMMAR,

WHEREIN

The ELEMENTS of the LANGUAGE are plainly comprized in Engliſh.

BY WILLIAM OWEN.

CONDITIONS.

I. The Work to make one large Volume in Octavo, elegantly printed on fine Paper, and good Type.

II. The Subſcription Money to be paid on Delivery of the Book, which will be early in the next Year.

III. The Names of the Subſcribers ſhall be prefixed to the Work.

SUBSCRIPTIONS received by *E.* and *T. Williams*, No. 13, Strand, London; *W. Meyler*, Grove, Bath; *J.* and *J. Merrill*, Cambridge; *J. Fletcher*, Oxford; By the Reverend *John Williams*, Yſtradmeirig, Cardiganſhire; *J. Daniel*, Caermarthen; *P. Sandford*, Shrewſbury; and *J. Poole*, Cheſter.

15 Dull William Owen Pughe o gasglu tanysgrifiadau ar gyfer ei Eiriadur (LlGC LLS. 13226C).

Cymdeithas bur nomadig oedd y Gwyneddigion. Cartref cyntaf y gymdeithas oedd 'Yr Wydd a'r Gridyll', sef y 'Goose and Gridiron' yn St Paul's Churchyard. Gwelwn o'r cofnod uchod ym 1783 mai'r 'Siôr' oedd ei chartref y pryd hwnnw, sef tafarn y 'George and Vulture' yn George Yard, Lombard Street. Yr oedd hon yn dafarn bur enwog yn ei dydd, ac fe'i hanfarwolwyd yn ddiweddarach gan Charles Dickens, sy'n cyfeirio ati droeon yn *Pickwick Papers*. Symud fu hanes y Gwyneddigion nes iddynt setlo o'r diwedd yn yr enwocaf o'u cartrefi, sef y 'Bull's Head' yn Walbrook. Nid aethant yno tan 1802, ond gan fod y dafarn wedi bod yn gyrchfan i'r Cymry am flynyddoedd cyn i'r gymdeithas ei mabwysiadu'n gartref swyddogol, tueddir i feddwl amdani fel canolbwynt bywyd Cymreig Llundain yn y cyfnod hwn. Ceir disgrifiad cyfoes ohoni gan David Samwell yn ei gerdd ddychanol 'Padouca Hunt':

In Walbrook stands a famous inn
Near ancient Watling Street
Well stored with brandy, beer and gin
Where Cambrians nightly meet.

If on the left you leave the bar
Where the Welsh landlord sits
You'll find the room where wordy war
Is waged by Cambrian wits.

Nid y Gwyneddigion yw'r 'Cambrian wits', er eu bod hwythau yn ddiau yn deilwng o'r disgrifiad, ond yn hytrach y Caradogion. Yn wir, yr oedd llawer un yn aelod o'r ddwy gymdeithas. Saesneg oedd iaith cyfarfodydd y Caradogion, a'u prif weithgarwch hwy oedd dadlau am wleidyddiaeth ac unrhyw bwnc llosg arall a apeliai atynt. Dechreuodd y gymdeithas honno tua 1788-90 a pharhau am ryw ddeng mlynedd. Enw parchus y tafarnwr o Gymro a grybwyllir yma oedd Evan Roberts, ond enw ei gyd-Gymry arno oedd 'Crin', ac o'r herwydd dechreuwyd cyfeirio at y dafarn fel y 'Crindy'. Yr oedd y dadlau a geid o fewn ei muriau yn enwog a buan iawn y lledaenodd bri'r 'Crinian School of Oratory'.

Nid yw'n rhyfedd fod William Owen Pughe wedi gwirioni wrth ddarganfod y fath groeso Cymreig yng nghanol môr o Saesneg. Er mai gŵr swil a diymhongar ydoedd wrth natur—'Gwilym Dawel' oedd un o enwau'r Gwyneddigion arno—fe lwyddodd yr aelodau i'w dynnu o'i gragen ryw gymaint. Cyn hir mentrodd ymuno yn yr hwyl. Mae'n sôn amdano'i hun yn cymryd rhan mewn gornest ysmygu. Cystadleuaeth oedd hon lle chwythai dau ysmygwr fwg i wynebau ei gilydd nes i un ohonynt dagu ac ildio. Clywir tinc o ymffrost, peth dieithr iawn iddo ef, yng ngeiriau Pughe wrth iddo ddisgrifio canlyniad yr ornest:

> John Davies, of Wood St., was a prominent *Gwyneddig*, a great smoaker, whom I fairly drove from his chair (at the George, George Yard) one meeting night. This was done, *a great feat*, by smoaking in each other's faces. I beat the smoaker hollow!

Cyn hir yr oedd William Owen Pughe wedi symud ymlaen at bethau amgenach yn y gymdeithas. Ymaelododd ym 1783; yr oedd yn 'gofiadur' rhwng 1784 a 1787, ac erbyn 1789 yr oedd yn llywydd.

Yr oedd blynyddoedd cynnar William Owen Pughe yn Llundain yn gyfnod cyffrous iddo ef yn bersonol gan iddynt roi cyfle iddo ymhél â llenyddiaeth a hynafiaethau pan nad oedd wedi disgwyl medru gwneud hynny yn y ddinas. Yr oedd yn gyfnod cyffrous yn y byd mawr hefyd. Deuai newyddion cythryblus o Ffrainc fel yr âi'r Chwyldro yno o nerth i nerth. Yr oedd y Gwyneddigion o blaid y Chwyldro ar y dechrau ac fe glywir tinc herfeiddiol yn un o lythyrau Owain Myfyr at Wallter Mechain yn Hydref 1789 pan ddywed:

> Ie Rhyddid mewn Gwlad ac Eglwys yw amcan y Gymdeithas . . . am y breiniau hyn y mae y Ffreinc yn

ymdrexu y pryd hyn ac y bu ein Hynaif dros gannoedd o flynyddau.

Rhyddid, cydraddoldeb a brawdgarwch hefyd oedd yr egwyddorion y seiliodd Iolo Morganwg gyfundrefn Gorsedd Beirdd Ynys Prydain arnynt. Yng nghanol haf 1792 cynhaliodd Iolo a rhai o'i gyfeillion orsedd ar 'Fryn y Briallu', chwedl hwy, yn Llundain. Yn ystod y seremoni darllenodd Iolo ei gerdd 'Ode on the Mythology of the Ancient British Bards', a gyhoeddwyd ym 1794 yn ei *Poems, Lyric and Pastoral:*

Come, LIBERTY! with all thy sons attend!
We'll raise to thee the manly verse;
The deeds inspir'd by thee rehearse;
Whilst, rous'd on GALLIA'S injur'd plain
Stern legions feel thy flame in ev'ry vein;
Thee, GODDESS, thee we hail! the world's eternal friend.

Yr oedd y Cymry yn Llundain, felly, wedi ymuniaethu yn llwyr ag ysbryd y dydd. Bu syniadau pur radicalaidd yn ymystwyrian yn y ddinas ers tro: ym 1780 ffurfiwyd y 'Society for Constitutional Information' i addysgu'r bobl gyffredin am eu hawliau democrataidd ac i hyrwyddo diwygio gwleidyddol, ac ym 1792 sefydlwyd y London Corresponding Society. Yr oedd elfen gref o gredo'r milblynyddoedd yn rhai o'r cymdeithasau radicalaidd, a gwelir effaith y tueddiadau hyn yn y sectau od a ffynnai yn y cyfnod. Daliwyd William Owen Pughe yng ngwe un o'r rhyfeddaf oll pan ddaeth yn aelod o gylch clòs y broffwydes o Ddyfnaint, Joanna Southcott, tua 1803. Cynhyrfwyd yr oes gan ofnau apocalyptig a gwelid arwyddocâd sinistr yn nigwyddiadau'r dydd. Credai rhai mai arf Duw i drechu Pabyddiaeth oedd y Jacobiniaid yn Ffrainc; credent hefyd y byddai anesmwythyd yr oes yn cynyddu nes esgor cyn hir ar y Dyddiau Olaf y proffwydir amdanynt yn Llyfr Daniel. Ond yr oedd elfen gref o ddeistiaeth hefyd yn y London Corresponding Society a drwgdybiai rhai gymhellion yr anffyddwyr yn eu plith. Yr oedd yn gyfnod tymhestlog yn wleidyddol ac yn grefyddol a'r Cymry yn Llundain yn morio yng nghanol y tonnau.

Ysgogwyd y bobl fwyaf annisgwyl gan ysbryd y Chwyldro. Dywedodd J. Pughe, curad Cricieth, mewn llythyr at Wallter Mechain ym 1794:

> Mr Wm Owen [Pughe] the Lexicographer has chiefly lost his admiration in the eyes of ye Public in these parts . . . he is greatly suspected of having some hand in the Publication of the Welsh Magazines which were looked upon as of very seditious tendency.

Y mae'n anodd meddwl am William Owen Pughe yn ymwneud ag unrhyw beth a ymylai ar deyrnfradwriaeth, ond y mae'n wir ei fod ef a'i ffrindiau wedi annog Morgan John Rhys i gyhoeddi'r *Cylch-grawn Cynmraeg,* sef y cyhoeddiad 'seditious' a grybwyllir yma. Gweinidog gyda'r Bedyddwyr oedd Rhys, a phan ddechreuodd y Chwyldro yn Ffrainc credai fod y Ffrancwyr wedi blino ar Babyddiaeth. Tybiodd fod ei gyfle ef i genhadu wedi dod ac aeth drosodd i Baris i bregethu a rhannu beiblau. Erbyn 1793 yr oedd yn ôl yng Nghymru gan iddo sylweddoli fod cymaint o angen cenhadu yno ag yn unman arall. Ym 1793 a 1794 ymddangosodd pum rhifyn o'r cylchgrawn. Pur gymysg oedd eu cynnwys, yn amrywio o arbrofion orgraffyddol William Owen Pughe i erthyglau mor wahanol â 'Dihenyddiad brenhines Ffraingc' a'r 'Ourang Outang'. Ond yr oedd ynddynt wythïen gref o radicaliaeth a llawer o sôn hefyd am America fel gwlad yr addewid. Ymfudodd Morgan John Rhys ei hun i America ym 1794, gan adael rhyw anniddigrwydd ym mron llawer o'i hen gydnabod yn Llundain, fel y gwelwn eto maes o law.

Yr oedd gan y cyhoedd bob rheswm i ddrwgdybio'r Gwyneddigion o goleddu syniadau radicalaidd. Ni phetrusai amryw ohonynt gyhoeddi eu credoau yn eofn: yr oedd Edward Charles wedi cyfieithu rhannau o waith Tom Paine i'r Gymraeg a chyhoeddodd John Jones, Glan-y-gors, ei *Seren tan Gwmmwl* ym 1795. Yr oedd elfen wrth-Fethodistaidd gref hefyd ymhlith yr aelodau. Ym 1798 ymosododd Thomas Roberts, Llwyn'rhudol, ar Fethodistiaeth, ar y degwm ac ar gyfreithwyr. Mentrodd hyd yn oed yr addfwyn William Owen Pughe fynegi ei farn pan ddaliwyd Horne Tooke ac aelodau eraill o'r London Corresponding Society a'u traddodi i'r Tŵr Gwyn ym 1794 i aros eu prawf ar gyhuddiad o deyrnfradwriaeth. Meddai wrth Wallter Mechain: 'a number of students of my way of thinking were yesterday entered at William Pitt's new college, called vulgarly the Tŵr Gwyn'. Pan ryddhawyd hwy cafwyd cinio i ddathlu a chyfansoddodd Iolo Morganwg gerdd arbennig ar gyfer yr achlysur.

Yr oedd Iolo, wrth gwrs, yn uwch ei gloch na neb o blaid yr achos. Pan garcharwyd William Winterbotham, gweinidog Sentar o Plymouth, yn Newgate am bregethu syniadau bradwrus, aeth Iolo yno i'w weld. Fe'i heriwyd wrth y drws a gofynnwyd iddo pwy ydoedd. Atebodd Iolo yn dalog, 'The Bard of Liberty'. Pan aeth yno eilwaith, gyda William Owen Pughe y tro hwn, ni chafodd groeso. Yn ôl W. D. Leathart, a ysgrifennodd lawer hanesyn difyr am gymeriadau'r oes yn ei lyfr, *The Origin and Progress of the Gwyneddigion Society of London*:

> . . . at his next appearance he was accosted with, 'So, you are the Bard of Liberty, are you?' 'Yes, I am', was the reply. 'Then, Mr Bard of Liberty, the only liberty allowed you is, to walk out the way you came in!', which he did accordingly, and his friend Mr William Owen with him.

Erbyn i Elijah Waring, cofiannydd Iolo, ddod i adrodd yr hanes, y mae Iolo yn cael y gorau ar y swyddog gydag ateb bachog: 'O, very well, Mr Gaoler, by all means, and I wish no Bard of Liberty may ever meet with worse treatment, than being told to walk *out* of a prison'. Ac y mae Waring yn ychwanegu, 'This smart and amusing colloquy is given verbatim from the Bard's lips'. Hawdd coelio hynny! Nid oedd ar William Owen Pughe, ychwaith, ofn cael ei weld yn cefnogi mudiadau radicalaidd y dydd yn gwbl agored.

Cadwyd llythyr diddorol ganddo a anfonodd at Iolo ym Mai 1795:

> . . . *Citizens* and *Sans-Culottes George Dyer* and *Iolo Morganwg*, being instigated thereto by the Devil, intend to set out from Chancery Lane thence to proceed to Pratt Place, Camden Town, and there, with force of arms, to enter the house of Gwilym Owain [Pughe], *Bardd wrth fraint a defod Beirdd Ynys Prydain* . . . to talk of *Politics, republicanism, Jacobinism, Carmagnolism, Sansculottism* and a number of other wicked and trayterous *isms* against the peace of the Lords *Kingism* and *Parsonism*, their crowns and dignities.

Buan iawn y daeth Dyddiau'r Dychryn yn Ffrainc ac fe oerodd brwdfrydedd Pughe a'i ffrindiau gryn dipyn. Daeth Napoleon hefyd i gymryd lle'r Pab, nid yn unig fel *bête noire* y Gwyneddigion ond fel ymgnawdoliad o'r bwystfil arall hwnnw ym mhroffwydoliaethau'r Beibl. Prysurodd Pughe i ymuno â'r 'Clerkenwell Loyal Volunteer Infantry' pan dybiodd fod perygl i Napoleon ymosod ar dir Prydain. Aeth Iolo yntau mor bell â chanu clodydd y Gwirfoddolwyr yn y Bont-faen a Chastell-nedd. Yr oedd Iolo yn ddiysgog ei heddychiaeth, ond ffieiddiai at raib ac uchelgais Napoleon. Fel y pylai tanbeidrwydd y syniadau radicalaidd cynnar, deuai pethau eraill i fynd â bryd y Cymry yn Llundain. Nid gwŷr i sefyll yn eu hunfan oeddynt a chydient ym mhob chwiw newydd.

Ni chyfyngent eu gweithgarwch i Lundain ychwaith. Yr oedd bri cymdeithas y Gwyneddigion wedi cyrraedd Cymru a galwyd arni i roi ei barn a'i beirniadaeth ar faterion llenyddol yno. Gwnaeth lawer i hyrwyddo'r eisteddfodau cynnar, er nad oedd ei hymwneud â'r eisteddfod bob amser yn llwyddiannus nac yn gwbl onest ychwaith, ond stori arall yw honno. Yn ddiau fe sylweddolai aelodau mwy cyfrifol y Gwyneddigion fod dyletswydd arnynt i wneud mwy nag yfed a chanu penillion. Gyda thranc cymdeithas gyntaf y Cymmrodorion daethai llyfrgell Ysgol y Cymry i'w dwylo hwy yn ogystal â llawysgrifau Richard Morris. Ymhlith ei bapurau ef yr oedd casgliadau ei frodyr Lewis a William o waith Dafydd ap Gwilym. Erbyn marw Richard ym 1779, fodd bynnag, yr oedd Owain Myfyr yntau wedi bod yn casglu a chopïo gwaith y bardd ers rhai blynyddoedd. Felly, pan ddechreuodd William Owen Pughe ymddiddori yn y gwaith yr oedd llawer iawn eisoes wedi ei gyflawni. Daethai Iolo Morganwg i Lundain ym 1772 a chyfarfod ag Owain Myfyr. Y flwyddyn ganlynol yr oedd y Myfyr yn apelio am gymorth y 'celfyddgar fardd o Drefflemin', ond yr oedd hwnnw wedi mynd i'w wâl fel y gwnâi o bryd i'w gilydd. Fodd bynnag, nid oedd yn llaesu dwylo ac fel yr oedd y Myfyr a Pughe wrthi'n twtio'r gyfrol ar gyfer ei chyhoeddi cyrhaeddodd pecyn annisgwyl

16 Portread o Iolo Morganwg gan William Owen Pughe, 1805.

iawn oddi wrth Iolo a llythyr pur arwyddocaol i'w ganlyn. 'Och', meddai, 'na buaswn yn gwybod yn gynt am eich gwaith yn argraffu D. G. mi a allaswn ddanfon ichwi gopïau o lawer c[ywy]dd (f'allai'n agos i gant) gwell na'r rhai yn Llyfr y Myfyr'. Yn y parsel yr oedd tua deuddeg cywydd. Yr oedd yn rhy hwyr i'w cynnwys yn y gyfrol ac fe'u rhoddwyd mewn atodiad. Gwyddom bellach mai ffugiadau Iolo oedd y mwyafrif onid y cwbl o'r cywyddau hyn, ond fe aeth rhai blynyddoedd heibio cyn i Owain Myfyr a Pughe sylweddoli i ba raddau y twyllwyd hwy gan Iolo yn *Barddoniaeth Dafydd ab Gwilym* ym 1789 ac yn fwy fyth yn ddiweddarach yn y *Myvyrian Archaiology of Wales* (3 cyfrol, 1801-07).

Byddai angen seiciatrydd i esbonio cymhellion Iolo yn twyllo hen gyfeillion a wnaeth lawer cymwynas ag ef. Yr oedd cenfigen a sbeit yn ei ysu a châi ryw hen bleser gwyrdo-ëdig o gael y gorau ar rai yr oedd yn ddyledus iddynt. Gyda'r blynyddoedd tyfodd hyn yn elyniaeth ffiaidd a dialgar yn erbyn Pughe a'r Myfyr. Anodd iawn hefyd yw esbonio rhai o'r celwyddau direswm a ledaenodd Iolo am y Gwyneddigion. Fodd bynnag, yr oedd gan y diweddar Ddr Glyn Penrhyn Jones ddamcaniaeth ddiddorol iawn am hyn. Gwyddys fod Iolo wedi bod yn gaeth i *laudanum* er pan oedd yn ifanc. Y mae'r cyffur hwn yn cynnwys morffia, ac arferai Iolo gymryd hyd at dri chwarter owns ar y tro, dogn sylweddol iawn. Yn ôl y meddyg, un effaith a achosir gan orddefnydd o forffia yw tuedd i ddweud celwyddau ac arfer twyll. Pa beth bynnag a'i symbylai, gwyddom fod Iolo, ym 1792, wedi ysgrifennu llythyr at lyfrwerthwr o'r enw Meyler yng Nghaerfaddon yn dweud:

> I was one of the very first members in 1772, it was at first *whimsical* became afterwards *ridiculous* and is now *detestable* . . . Mr Wm. Owen [Pughe] has long ago left the Gwyneddigion, so has Mr *Samwell*, like myself, ashamed of being seen amongst them . . .

Y mae sawl anwiredd yn y llythyr hwn. Nid oedd Iolo yn un o'r aelodau cyntaf o bell ffordd, a'i gysylltiad ffurfiol cyntaf

17 David Samwell (Dafydd Ddu Feddyg 1751-98).

â'r gymdeithas oedd ei wneud yn aelod gohebol ym 1785. Yr oedd yn hollol anghywir honni fod Pughe wedi gadael y gymdeithas erbyn 1792 ac yntau yn aelod o'i chyngor yn y flwyddyn honno ac yn dal i fod yn un o'i swyddogion mor ddiweddar â 1819. Enwir David Samwell yntau yn 'rhaglaw' ar y gymdeithas ym 1797. A chan y crybwyllwyd ei enw ef eisoes wrth gyfeirio at y 'Padouca Hunt', efallai ei bod yn bryd sôn rhywfaint am y cymeriad lliwgar hwn.

Gŵr o Nantglyn ger Dinbych oedd David Samwell, yn fab i ficer y plwyf. Daeth yn feddyg yn y llynges, ac yn rhinwedd y gwaith hwnnw fe welodd dipyn ar y byd. Yr oedd ar fwrdd y *Resolution*, llong Capten Cook, i ddechrau, ac wedyn yn feddyg ar y *Discovery*. Yr oedd yn llygad-dyst i lofruddiaeth Cook ac ysgrifennodd lyfr am y profiad hwnnw. Bu'n feddyg ar tua saith llong rhyfel ac yn feddyg i garcharorion rhyfel o Brydain yn Versailles. Ymunodd â'r Gwyneddigion yn nyddiau cynnar y gymdeithas a gwnâi ymdrech i ddod i'w chyfarfodydd pan ddeuai adref o'r môr. Fe'i disgrifir fel gŵr tal, tywyll, ffyrnig yr olwg ac olion y frech wen ar ei groen. Serch hynny, yr oedd yn gwmnïwr difyr, yn enwedig os oedd gwydraid llawn o'i flaen. Y mae W. D. Leathart yn adrodd hanes ffrae rhwng David Samwell ac aelod blaenllaw arall, Edward Jones (Ned Môn). Heriodd Samwell ei elyn i setlo'r mater drwy ornest, ac i ffwrdd ag ef ben bore gyda Iolo Morganwg wrth ei gwt i'w gefnogi i'r lle y trefnwyd iddynt gyfarfod. O weld nad oedd Edward Jones yno, rhuthrodd Samwell i ystafelloedd ei wrthwynebydd yn y Temple lle gweithiai fel cyfreithiwr. Yn hytrach na'r diweddglo anrhydeddus a gorfoleddus y gobeithiasai Samwell ei gael i'r mater, cafodd gic dan ei ben-ôl gan Edward Jones a'i hyrddio i lawr y grisiau. Nid oedd undeb a brawdgarwch bob amser yn teyrnasu ymhlith y Cymry! Er ei wylltineb, yr oedd diddordebau David Samwell yn rhai gwaraidd iawn. Gwyddom ei fod yn darllen gwaith y bardd Lladin Horas ar ei fordeithiau ac ysgrifennai farddoniaeth ei hun. Ei waith enwocaf yw'r ddychangerdd a grybwyllwyd eisoes, sef 'Padouca Hunt', ond cyn y gellir trafod honno bydd yn rhaid sôn ychydig am y pwnc rhyfedd a gydiodd yn nychymyg y Cymry yn Llundain tua diwedd y ddeunawfed ganrif.

O tua 1790 ymlaen un o hoff bynciau trafod y Cymry oedd y Madogwys neu'r Padoucas. Tyfodd y gred dros y canrifoedd fod Madog, yr honnid ei fod yn un o feibion Owain Gwynedd, wedi hwylio i America a'i fod ef a'i griw wedi gadael eu holion yno ar ffurf Indiaid Cochion. Yr oedd dau beth hynod iawn am yr Indiaid hyn, yn ôl y sôn, sef eu bod o liw coch gwan iawn, mor wan nes yr ystyrid hwy bron yn wyn, ac yn rhyfeddach fyth, eu bod yn parablu Cymraeg ar lannau'r Mississippi a'r Missouri. Ni ellir beio'r Gwyneddigion am goelio'r hanes ffansïol hwn; wedi'r cwbl yr oedd wedi bod yn boblogaidd ers oes y Tuduriaid pan wnaethpwyd cryn ddefnydd ohono mewn ymgais i wanhau hawliau Sbaen yn y Byd Newydd. Rhoddwyd sbardun i'r stori ym 1686 pan adroddodd Morgan Jones, gŵr o sir Fynwy a oedd yn weinidog ger Efrog Newydd, sut y cipiwyd ef a'i garcharu gan lwyth o Indiaid Cochion. Wrth ddeall ei fod am gael ei ddienyddio drannoeth dechreuodd gwyno am ei dynged yn Gymraeg. Yr oedd Indiad o lwyth arall yn sefyll gerllaw, a thrwy ryw ryfedd wyrth deallodd ef beth yr oedd Morgan Jones yn ei ddweud. Yn ôl y gweinidog, achubwyd ei fywyd gan y Cymro croengoch ac aethpwyd ag ef at lwyth yr oedd eu Cymraeg mor rhugl fel y medrodd bregethu iddynt deirgwaith yr wythnos am bedwar mis! Ni ddylid rhoi gormod o goel ar eiriau Morgan Jones; yr oedd yn gymeriad pur amheus, yn enwog am ei 'ill life and conversation'. Syrthiodd ei stori ryfedd i dir angof am flynyddoedd. Fodd bynnag, fe'i cofiwyd ym 1740 pan oedd Loegr yn ymrafael â Sbaen unwaith yn rhagor, y tro hwn yn Rhyfel Clust Jenkins.

Cydiodd Theophilus Evans yn yr hanes a'i ymgorffori mewn llythyr i'r *Gentleman's Magazine.* Ynddo cais brofi hawl Coron Lloegr i America, gan alw ar gysylltiadau honedig y brodorion â Madog ab Owain Gwynedd i gefnogi'r hawl honno. Nid oedd sôn am y Madogwys yn argraffiad cyntaf *Drych y Prif Oesoedd* ym 1716, ond erbyn 1740 yr oedd Madog wedi ei lusgo i mewn gerfydd ei glustiau, a honnai Theophilus wybod rhai manylion eithaf esoterig amdano, megis mai '8 mis a deng niwrnod' a gymerodd ei fordaith. Dywed fod dilynwyr Madog a'r brodorion wedi mynd yn un genedl 'fel y gwelwch chwi ddwfr a llaeth yn ymgymmyscu'. Ond ni olygai hyn eu bod wedi colli eu hiaith. Y mae'n ailadrodd hanes Morgan Jones, ac yn rhoi cyfeiriad y Madogwys ar gyfer y sawl a fynnai gysylltu â hwy fel 'Dyffryn Pant-teg'. Yr oedd Madog wedi dychwelyd i ymwybyddiaeth y Cymry ac o hynny ymlaen bob tro y byddai unrhyw anghydfod â Sbaen fe gâi ei dynnu allan o'r cwpwrdd a'i chwifio yn wyneb y gelyn. Erbyn 1790 yr oedd Lloegr a Sbaen yng ngyddfau ei gilydd unwaith yn rhagor, y tro hwn dros Nootka Sound. Ym 1791 cyhoeddodd Dr John Williams o Sydenham *An Enquiry into the Truth of the Tradition concerning the Discovery of America by Prince Madog ab Owen Gwynedd about the year 1170.* Gafaelodd y Cymry yn Llundain ym Madog a'i chwifio'n fwy herfeiddiol nag erioed. Yng nghanol y miri daeth 'General William Bowles', gŵr gwenieithus wedi ei wisgo â holl ysblander pennaeth llwyth Indiaid y Creek, i Lundain ac i sylw'r

Cymry yno. Mewn gwirionedd, Gwyddel Americanaidd oedd Bowles a oedd wedi priodi un o ferched y llwyth. Anfonwyd William Owen Pughe ar ran y Gwyneddigion i'w holi, ac er mwyn cydbwyso hygoeledd hwnnw, aeth David Samwell â'i holl brofiad o'r byd mawr gydag ef. Gwrandawodd y ddau yr un mor gegrwth â'i gilydd ar yr hyn yr oedd gan Bowles i'w ddweud. Nid oedd ganddynt unrhyw amheuaeth bellach am fodolaeth yr Indiaid Cymreig. Ysgrifennodd Pughe at y *Gentleman's Magazine* i adrodd yr hyn a glywsai gan Bowles:

> Mr Bowles describes them to be 'white as we are, some having red, some sandy, and some black hair'—'They are very numerous, and one of the most warlike nations on the Continent' . . . 'The tract they inhabit is rather high and hilly; but one of the most fruitful and delightful countries' he had ever seen.

Honnai Bowles mai Padouca oedd enw'r llwyth. Yr oedd William Owen Pughe, nad oedd geirdarddiad yn un o'i gryfderau, wedi gwirioni, gan y tybiai mai ffurf ar Madogwys oedd yr enw. Ni wyddai mai enw'r Ffrancwyr ar lwyth y Comanche oedd Padouca. Byddai hynny yn cyd-fynd â'r disgrifiad ohonynt fel llwyth rhyfelgar gan fod hynny yn un o nodweddion y Comanche, ond i Twm o'r Nant yr oedd y rhyfelgarwch yn 'presumptive proof of their descent o'r Hên Fritanniaid'. Bellach credir mai llwyth y Mandan oedd yr Indiaid golau eu croen a roddodd fodolaeth i stori'r Madogwys. Beth bynnag am hynny, yr oedd honiadau Bowles yn ddigon i yrru'r Cymry yn Llundain yn ferw gwyllt. Uchafbwynt eu trafodaethau oedd dadl frwd yn un o gyfarfodydd y Caradogion ym mis Mai 1791, a anfarwolwyd yn nychangerdd David Samwell, 'Padouca Hunt'. Sonia fel yr ymgynullasant:

> Fully determined to decide
> This long disputed matter;
> Did Madog cross th'Atlantic tide
> Or never take the water?

Hwyluswyd y trafodaethau gan fap manwl yr oedd William Owen Pughe wedi llwyddo i'w lunio o wlad y Madogwys:

> On which, without a grain of grace,
> He made friend Myfyr spy
> Madog's metropolis and race
> Beneath a genial sky.

Nid oedd hyn yn argyhoeddi pawb. Yn sicr yr oedd Edward Jones (Ned Môn) â'i feddwl cyfreithiol am gael amgenach prawf na map a luniwyd gan Pughe, a gorau oll pe bai sail gyfreithiol i'r prawf hwnnw:

> Till that is done, and laid before
> The sons of brave Caradog,
> I'll deem these maps and Tales a bore
> And ne'er believe in Madog.

Credai Dafydd Samwell y gallai Madog yn hawdd fod wedi cyrraedd America, a siaradai nid yn unig fel un a oedd wedi crwydro i bedwar ban byd ei hun, ond fel un a gâi ryw wefr o dynnu'n groes i Ned Môn:

> If I, from Nantglyn, not long since
> Could reach Kamtshatka's shore,
> Why might not Madog, glorious Prince,
> America explore?

Aeth y ddadl yn bur danbaid, ac os gellir coelio tystiolaeth y ddychangerdd, daeth i ben gydag Owain Myfyr yn gwylltio ac yn dymchwel y bwrdd a phopeth arno:

> He upset candles, argument,
> Pint-pots and all together.

Ffodd y Caradogion adref am eu bywydau rhag dicter y Myfyr a'r ddadl heb ei setlo'r naill ffordd na'r llall.

Un o gefnogwyr selocaf y Madogwys oedd Iolo Morganwg. Ni thyciai dim ond hel yr holl dystiolaeth er mwyn caniatáu iddo fentro cyn hir i America i chwilio amdanynt. Yr oedd gan America ryw dynfa i rai a awchai am fwy o ryddid ac yr oedd y Madogwys yn ychwanegu at ramant ac apêl y wlad bell. Honnai Iolo ei fod wedi bod yn siarad â gŵr a oedd wedi cyfarfod â'r Madogwys, a thystiai hwnnw eu bod yn siarad Cymraeg 'with much greater purity than we speak it in Wales'. Dechreuodd Iolo ymbaratoi ar gyfer ei antur fawr. Penderfynodd fyw allan yn yr awyr agored, gan herio'r elfennau a bwyta aeron gwyllt. Gellid tybio nad oedd hyn yn gam doeth iawn ar ran gŵr na fedrai orwedd yn ei wely y nos heb fygu oherwydd asthma. Honnai fod amcan dyngarol hefyd i'w gwest: onid oedd yn ddyletswydd ar y Cymry i achub eu brodyr pellennig? Ac oni fyddai'n orchest ennill tiriogaeth newydd i Brydain heb orfod poeni am broblem iaith? Llwyddodd i ddarbwyllo'r Cymry fod yn rhaid iddynt anfon cenhadon at y Madogwys. Aethpwyd ati i gasglu tan-ysgrifiadau ar gyfer y fenter, a ffurfiwyd y *Madogeion Society* i'r perwyl hwnnw. Yr oedd Iolo erbyn hynny yn sôn am gydymaith ar gyfer y daith, sef 'a young man from Caer-narvonshire'. John Evans o'r Waunfawr yn ddiau oedd hwnnw. Y mae'n debyg iddo ddod i adnabod rhai o'r Gwyneddigion drwy Ddafydd Ddu Eryri, un arall o blant y Waunfawr. Mynd i America heb Iolo fu hanes John Evans ym 1792. Teithiodd bron i ddwy fil o filltiroedd i fyny'r Missouri, o'i chymer â'r Mississippi, a chyfarfod ag aelodau o lwyth y Mandan. Ar ôl yr holl grwydro a llawer o drafferthion, anfonodd John Evans neges dorcalonnus yn ôl at ei gyfeillion: 'I am able to inform you that there is no such people as the Welsh Indians.' Ni ddychwelodd i ymhelaethu ar hyn: dechreuodd yfed yn drwm a chollodd ei iechyd a'i syn-hwyrau. Daeth y breuddwyd i ben mewn bedd unig yn New Orleans. Oerodd brwdfrydedd y Cymry yn Llundain hwythau i raddau. Eto i gyd, cyfaddefodd Iolo mewn llythyr at William Owen Pughe ym 1803: 'Old as I am growing I have not yet given up the idea of going in quest of the Madogwys . . .' Ar

18 Llun o un o benaethiaid y Mandaniaid allan o lyfr George Catlin, *Manners and Customs of the American Indians.*

un adeg yr oedd Pughe yntau yn barod i godi ei bac a hwylio ar draws yr Iwerydd, ond daeth cyfrifoldebau magu teulu ac apêl Joanna Southcott a'i hathrawiaeth i dynnu sylw hwnnw.

Daeth tro ar fyd fel y symudodd y Cymry yn Llundain i mewn i'r bedwaredd ganrif ar bymtheg. Ceir y teimlad fod llawer o asbri dyddiau cynnar y cymdeithasau wedi pylu rywsut. Wrth gwrs, yr oedd yr arloeswyr yn heneiddio a diddordebau newydd wedi dod i fynd â'u bryd. Gwelir hyn yn eglur iawn ym mywydau'r triawd a weithiodd mor ddygn ar y *Myvyrian Archaiology of Wales*, sef Owain Myfyr, William Owen Pughe ac Iolo Morganwg. Fel y gwelsom, yr oedd Pughe wedi ei rwydo gan sect y Southcottiaid; yr oedd hefyd wedi etifeddu stad bur helaeth yn Nantglyn ger Dinbych ym 1806 a hawliai honno lawer o'i sylw, er iddo aros yn Llundain tan 1825. Yr oedd Iolo wedi ffraeo gyda'r ddau arall ac wedi ymddieithrio fwyfwy fel y ciliai i'w fyd bach afreal o ffantasi a *laudanum*. Priododd Owain Myfyr yn ei hen ddyddiau â merch ddeng mlynedd ar hugain yn iau nag ef, 'his maid servant—& no Venus', yn ôl tystiolaeth un o'i gydnabod! Yr oedd dau o sylfaenwyr y Gwyneddigion wedi marw: Robin Ddu yr Ail o Fôn ym 1785 a Siôn Ceiriog ym 1792, ac fe'u dilynwyd gan David Samwell benboeth ym mlodau ei ddyddiau ym 1798. Daeth cenhedlaeth newydd i gymryd eu lle, ond yr oedd yr hen afiaith a'r hen fwrlwm wedi mynd am byth.

DARLLEN PELLACH

Bowen, E. G., *David Samwell, Dafydd Ddu Feddyg* (Caerdydd, 1974).
Carr, Glenda, *William Owen Pughe* (Caerdydd, 1983).
Davies, J. H. gol., *The Letters of Lewis, Richard, William and John Morris of Anglesey, 1728-1765* (Aberystwyth, 1907 a 1909).
Jenkins, R. T. a Ramage, Helen M., *A History of the Honourable Society of Cymmrodorion* (Llundain, 1951).
Jenkins, Geraint H., *The Foundations of Modern Wales: Wales 1642-1780* (Rhydychen, 1993).
Leathart, W. D., *The Origin and Progress of the Gwyneddigion Society of London* (Llundain, 1831).
Morgan, Prys, *The Eighteenth Century Renaissance* (Llandybïe, 1981).
Waring, Elijah, *Recollections and Anecdotes of Edward Williams, the Bard of Glamorgan or Iolo Morganwg* (Llundain, 1850).
Williams, G. J., *Iolo Morganwg* (Caerdydd, 1956).
Williams, Gwyn A., *Madoc: the Making of a Myth* (Llundain, 1979).

HEN SWYNWR Y 'SORFA FACH': THOMAS LEVI (1825-1916)

Dafydd Arthur Jones

Yn Mr Levi mi gawn enghraifft drawiadol o ddefnydd mawr yn cael ei wneud o fanteision bychan.

Lewis Jones

Pe buasai rhai o drigolion syber Aberystwyth wedi digwydd ymlwybro ar hyd Ffordd Dewi a heibio i fans capel y Tabernacl berfedd nos tua chanol y bedwaredd ganrif ar bymtheg, diau y buasent wedi gweld golau yng nghell eu gweinidog, sef y Parchedig Thomas Levi. Lladmerydd dirwest, pamffledwr, awdur, Rhyddfrydwr rhonc, cynghorydd a chyfundebwr oedd Thomas Levi ac oherwydd ei amryfal ddyletswyddau ni allai ar brydiau gysgu'r nos. Arian byw o ddyn ydoedd, ac yr oedd disgrifiad John Owen, Lerpwl, ohono fel 'live-wire y Deheudir' yn wir pob gair.

Nid Levi yn unig a ysgwyddai feichiau o'r fath. Bu gofynion trwm ar weinidogion mewn cyfnod a welsai Gymru yn deffro i'w chyfrifoldebau cymdeithasol ac addysgol. Llafuriai sawl gweinidog i geisio rhagorach cyfle i rai o'u haelodau mwyaf blaenllaw, megis siopwyr ac athrawon, argraffwyr a mân wŷr busnes, ac nid dyn i gefnu ar waith felly oedd Thomas Levi. Bu ei oes faith a chynhyrchiol yn llawn bwrlwm, fel y tystia ei ddyddiaduron, a rhed y gobaith, nodweddiadol o oes a roddai fri ar gynnydd ac ymchwydd mewn gwybodaeth, fel llinyn arian drwy ei ryddiaith. Nid gweledigaeth unigryw mo hon ac yn ddiau llithro dros gof fu tynged llawer o'i ysgrifennu yntau, fel yn achos nifer o'i gyfoeswyr. Dichon mai ei gymwynas bennaf a mwyaf adnabyddus oedd golygu *Trysorfa y Plant* dros gyfnod maith. O 1862, blwyddyn cychwyn y fenter, hyd ei ddatganiad (dagreuol braidd) ei fod yn ildio'r awenau ym 1912, Thomas Levi oedd un o olygyddion mwyaf llwyddiannus a dylanwadol yr oes. Tystiodd ei olynydd fel golygydd, R. D. Rowland, 'Anthropos', i'w lwyddiant:

> Daeth enw 'Thomas Levi a THRYSORFA'R PLANT' yn gartrefol ar aelwydydd gwerin ein gwlad. Nid cicaion undydd unnos ydoedd, fel llawer cylchgrawn a fu o'i blaen, ac a ddaeth ar ei hol. Tyfodd yn bren mawr a daeth adar y nefoedd i nythu yn ei changhenau.

Buasai'r fintai gref a ddaeth i dalu'r gymwynas olaf iddo ym

19 Thomas Levi (1825-1916), golygydd *Trysorfa y Plant* (LlGC, Archif Bortreadau Cymreig, Casgliad y Coleg Diwynyddol Unedig, Aberystwyth).

mynwent gyhoeddus Aberystwyth ar 22 Fehefin 1916 wedi cytuno yn frwd â'r farn honno.

Er maint ei gyfraniad a'i ddygn lafur, nid gŵr a brofasai o rwyddineb bywyd oedd Levi. O gyni aelwyd brin ei moethau y cododd awydd arno i fynd am y weinidogaeth, ac ni chefnodd yn gyfan gwbl ar ei wreiddiau gwerinol hyd yn oed ar ôl ymgartrefu yn Aberystwyth.

Mewn bwthyn diaddurn ar godiad tir ym Mhen-rhos, Ystradgynlais, yn nhueddau uchaf Cwm Tawe, y ganed Thomas Levi ar 12 Hydref 1825. Flynyddoedd yn ddiweddarach, yn rhannol oherwydd pwysau cymdeithasol, honnodd ei fab Thomas Arthur Levi (Athro yn y Gyfraith yng Ngholeg Prifysgol Cymru, Aberystwyth, 1901-40) mai 'tŷ sylweddol' oedd cartref y tad. Er yr amheuon a'r brodio a fu ar atgofion bore oes, ffeithiau syml magwraeth golygydd *Trysorfa y Plant* a geir gan Lewis Jones ym 1889:

> Ym Mr Levi mi gawn enghraifft drawiadol o ddefnydd mawr yn cael ei wneud o fanteision bychan.

Ar wahân i gadw deupen llinyn ynghyd a gofalu am orchwylion beunyddiol, pennaf ddyletswydd y fam Prudence Levi (merch Dafydd a Prudence Lewis, Maes-mawr, Y Creunant) oedd trwytho ei phum bachgen a'i dwy ferch yng ngwirioneddau'r Gair. Bu'r gwersi a'r siarsio, a chynhesrwydd dirodres yr aelwyd, yn destun sawl erthygl atgofus yn *Y Traethodydd* wedi hynny. Ond nid oedd gwreiddiau teulu'r tad mor werinol o bell ffordd. Levi Michael, Iddew da ei fyd, gemydd a siopwr a ymwreiddiodd gyda'i frawd Jacob yn Abertawe, oedd taid Thomas Levi. O Frankfurt y tarddai'r teulu ac ni wyddys yn iawn paham y daethant i chwilio am well byd yng Nghymru. Ond felly y bu, a stori gyffredin yw hanes alltudion yn ymelwa fel marsiandïwyr nes ennill parch a chodi yn y byd. Gŵr a chanddo lygaid yn ei ben oedd Levi Michael, *entrepreneur* a sylweddolodd y gellid datblygu tref Abertawe yn borthladd o bwys ac a ymdaflodd i wleidydda yn lleol. Nid gŵr cwbl ddilychwin mohono ac, yn ôl yr hanes, ef oedd tad John Levi (sef tad Thomas), er na cheir cyfeiriad at hynny yn ei ewyllys. Y tebyg yw iddo 'hudo oddi ar lwybr rhinwedd' ferch gyffredin, cogyddes i deulu Turberville, Cilybebyll a Chastell-nedd. Rhag dwyn anfri ar y tad parchus, gyrrwyd John (fel y'i gelwid bellach) i blas Ystradfawr a thalwyd i Llewelyn Jeffreys am ei fagu.

Aderyn brith, baledwr (digon coch weithiau), cwmnïwr mewn cyfeddach, palff o weithiwr cryf a rhigymwr talcen slip oedd John Levi. Nid dyn digrefydd ydoedd ychwaith ac yng nghwmni'r saint yng nghapel bach Cwmgïedd fe'i gwelid yn aml dan deimlad wrth gyffesu ei aml grwydradau. Ond er yr wfftiai y mwyaf dylanwadol o'r Ymneilltuwyr at arferion priddlyd eu cyndadau, nid felly y gwnâi mab John Levi, neu 'Shon Lewis' fel y cyfeirir ato ar dudalennau *Y Traethodydd.* Hel atgofion a wnâi Thomas Levi, ac er na fentrai gyhoeddi cân y 'Stwmpyn Pengoch' o eiddo ei dad, tinc dagreuol ac nid angharedig a glywir yn ei ymwneud â rhai o gymeriadau gwreiddiol y fro. Gwŷr a gwragedd dirodres y cyfnod megis Hic y Gwe'hydd, bardd gwlad, Mari o'r Wern Ddu, a flinid gan ysbrydion, neu Sion Gething Fach, a daerai iddo weld canhwyllau cyrff wrth grwydro o'r naill dŷ potas i'r nesaf. Soniai am ganu Wasal, ac am hanesion am y troeon trwstan a brofodd ei dad mewn gwylnos a nosweithiau llawen. Efallai fod tröedigaeth John Levi a'i benderfyniad i ymfudo dros Fôr Iwerydd yn ddeublyg eu harwyddocâd. Cefnodd ar fywyd gwerinol Cymreig mewn ardal a brofasai ymddiwydiannu egr a thwf dylanwad capel a seiat a'u gwerthoedd newydd. Nid cystwywr oedd Thomas Levi; yn wir llosgodd ei fysedd pan feiddiodd roi gormod o sylw, ac yntau'n weinidog uchel ei barch erbyn hynny, i 'gecraeth meddwon canrif yn ol'. Rees Jenkins Jones, mae'n debyg, oedd awdur yr ysgrif hallt anhysbys amdano yn *Yr Ymofynydd*, ond ni wyddys a gawsai ateb gan Levi. Go brin y cytunasai ychwaith â'r llawdrwm 'Dafydd Daniel Amos', Phylip Griffiths, Yr Allt-wen, a'i sylw yn *Y Diwygiwr* fod:

> . . . llawer o anniweirdeb a thrythyllwch, yn bod yn Nghymru oleu, gwlad Biblau, a'r aml addoli.

Er ei ddiddordeb didwyll yn chwarae gwerinaidd cyfoedion a chydnabod ei dad, gwyddai Levi mai perthyn i 'wlad y Biblau a'r aml addoli' yr oedd ef mewn gwirionedd. Bodiai'r Testament Newydd a chyrchai tuag 'ysgol y college' gerllaw ei gartref, a hynny er gwaethaf afradlonedd Robert Jones y prifathro, a godai ei fys bach yn selog. Cefnu ar yr ysgol dila a wnaeth Levi fel sawl un arall, a throi i fwrw prentisiaeth fel mowldiwr yng ngwaith haearn Ynysgedwyn. Codai'n blygeiniol a cherdded dwy filltir o Ben-rhos i'r gwaith, gan ymddiwyllio yn ôl ei allu ei hun gyda'r nos drwy ddarllen *Reading Made Easy* a chyfrolau cyffelyb. Wedi blwyddyn (1836-7) yn y Blaenau, sir Fynwy, yn ceisio gwastrodi ei ddau frawd anystywallt, wedi iddynt fynd yno i chwilio am waith, dyma ddychwelyd i Ynysgedwyn i orffen ei brentisiaeth. Enillai swllt y dydd am ei lafur ac ymddengys iddo ei drwytho ei hun yn y broses o bwdlo.

Ni phylwyd min argyhoeddiad Levi mai'r weinidogaeth oedd ei briod alwedigaeth. Ymgysurai mewn seiat a phregeth, ac ennill enw iddo'i hun fel gŵr ifanc o ymroddiad, a hynny er gwaethaf temtasiynau'r oes, a fu am gyfnod yn ormod i'w ddau frawd. Dechreuodd ganlyn seiadau ymhell ac agos ac, yn ôl y sôn, cerdded i Langeitho yng nghwmni ffrindiau. Mynychai ysgol nos hefyd. Ym 1855 fe'i galwyd yn weinidog ar braidd bychan Capel yr Ynys, Ystradgynlais. Ddwy flynedd yn ddiweddarach, mewn Sasiwn yn y Bont-faen, fe'i hordeiniwyd, gan wireddu dyhead a fynegwyd ganddo rai blynyddoedd ynghynt:

> Pwy a ŵyr na wna yr Arglwydd ryw ddefnydd ohonof finnau.

Bum mlynedd wedi'r achlysur hwnnw troes Levi ei wyneb i gyfeiriad eglwys Philadelphia, Treforys. Yn ddi-os nid gorchwyl hawdd i ŵr o argyhoeddiadau dyfnion oedd pregethu'r Gair mewn tref a dystiai i ymddiwydiannu a mewnfudo dilyffethair. Ar bwys ei brofiad ym merw gweithiau sir Fynwy, gwyddai'n dda am ddengarwch tŷ tafarn mewn ardal

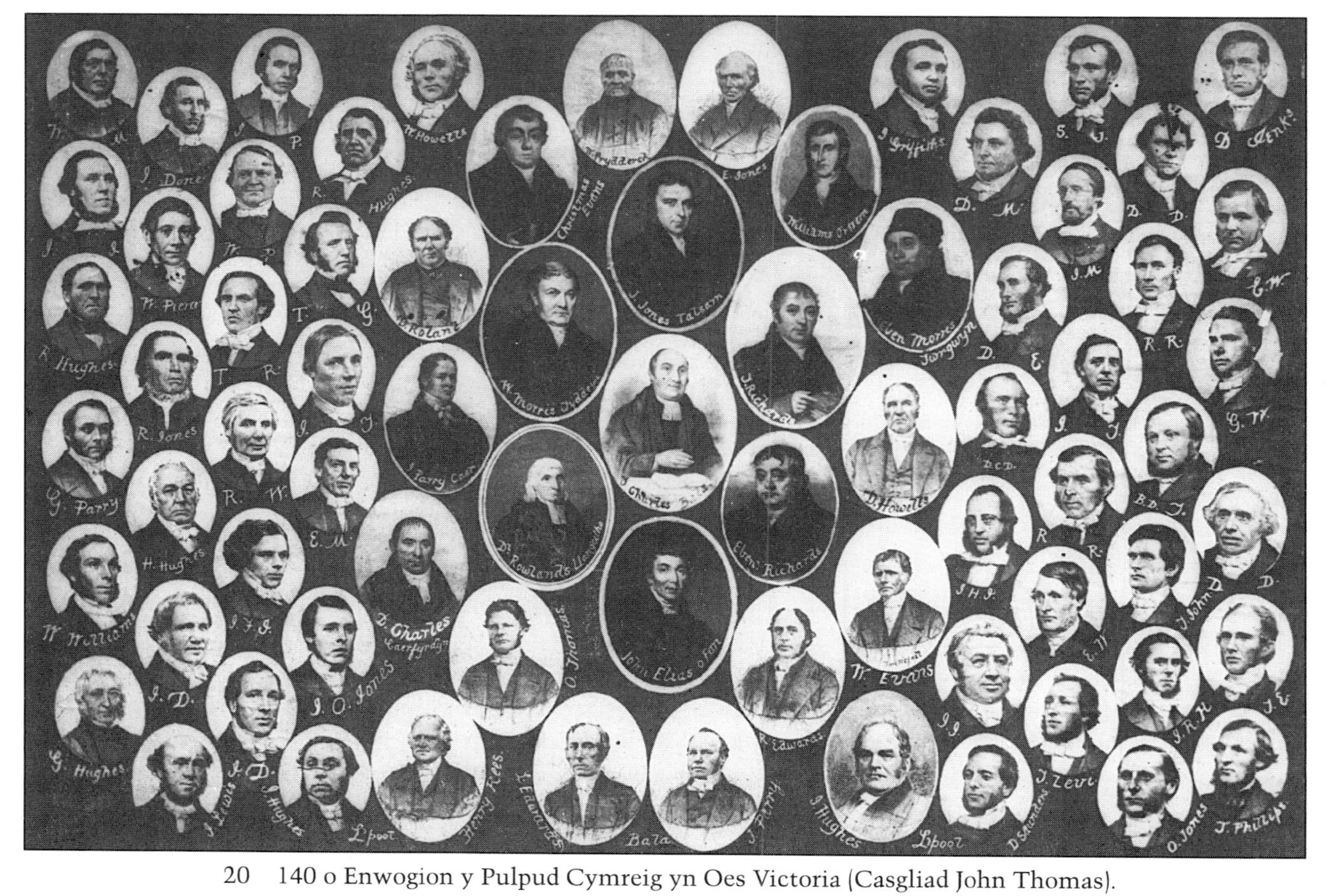

20 140 o Enwogion y Pulpud Cymreig yn Oes Victoria (Casgliad John Thomas).

brin ei hadnoddau addysg. Efallai fod a wnelo claddu ei wraig gyntaf, Elizabeth Daniel, ym 1871, yn rhannol â'i sêl dros wella cyflwr byw pobl. Nid syndod canfod gŵr o anian Ryddfrydol yn ysgwyddo peth o faich Y Gymdeithas Ryddhau, gan bleidio achos Datgysylltu'r Eglwys Wladol a chefnogi pob ymgyrch i dorri crib y bragwyr a chynnig amgenach adloniant i bobl ifainc. Pregethai ar hyd ac ar led a threulio cyfnod yn crwydro Lloegr, yr Alban ac Iwerddon a thu hwnt.

Ni fu'n ŵr gweddw yn hir ac ar 24 Fedi 1873 priododd â Margaret Jones, Plas Coedmadog, Llanllyfni. Ddwy flynedd wedi geni Thomas Arthur Levi, derbyniodd alwad i eglwys y Tabernacl, Aberystwyth. Cryn bluen yn het unrhyw weinidog oedd derbyn gwahoddiad i gapel mor bwysig. Yno y treuliodd weddill ei oes faith. Erbyn ei ymddeoliad ym 1901, ac yntau ymhell dros oed yr addewid, yr oedd gan y capel 650 o aelodau ac Ysgol Sul ffyniannus dros ben. Y Parchedig R. J. Rees MA, Clifton Street, Caerdydd, a thad Goronwy Rees (a fu am gyfnod byr yn y 1950au yn Brifathro Coleg Prifysgol Cymru, Aberystwyth) oedd ei olynydd.

Diwydrwydd oedd nodwedd amlycaf gyrfa Levi yn Aberystwyth. Fel awdur ac iddo gryn enw yn genedlaethol, cyhoeddai weithiau ar amryfal bynciau. Yn unol â delfryd yr oes o ehangu gwybodaeth dyn, ni chyfyngodd ei hun i un maes. Gallai drafod rhychwant eang o bynciau o'r Creu (pwnc cyffrous ei oblygiadau) i gyflwr y lluoedd Prydeinig ar faes y gad yn y Crimea. Ni phallai ei egnïon fel cyfieithydd, addasydd ac awdur gwreiddiol. Dyn a chanddo genadwri ydoedd a defnyddiai brif gyfryngau'r oes, megis Cymdeithas y Traethodau Crefyddol, i ddwyn i sylw'r cyhoedd draethodau Cymraeg ac ynddynt wersi moesol. Fe'i hargyhoeddwyd o boblogrwydd y gân swynol a bu ei gydweithio â'r dawnus Joseph Parry yn dra ffrwythlon. Mae 'Cantata'r Adar' yn enghraifft wiw o ddau boblogeiddiwr yn creu cyfanwaith y bu hen ganu arno mewn Ysgolion Sul a chyfarfodydd plant am gryn flynyddoedd. Nid yr ysgafnfryd yn unig a'i denai ychwaith. Troes ei law at benillion defosiynol ac emynau ac ni fu'n gyndyn ychwaith i fwrw ei linyn mesur dros gynnyrch ei ragflaenwyr, nifer ohonynt yn brif emynwyr y genedl. Er gwaethaf ei ddiffyg cefndir academaidd, fe'i cyfetholwyd yn aelod o bwyllgor i ddarparu Llyfr Emynau ar gyfer y ddau Gyfundeb ym 1866.

Nid gŵr plwyfol ei orwelion mohono, a manteisiai ar bob achlysur i'w ddwyn ei hun i sylw'r genedl. Fel Llywydd y Gymanfa Gyffredinol (1883-4), derbyn 'lledaeniad yr iaith Saesneg' oedd byrdwn ei araith ymadawol. Bu ei lywyddiaeth ar Sasiwn y De (1887) yn dyst i'w ddoethineb fel cyfundebwr. Ni ddylid anghofio ychwaith ei waith fel casglwr arian dygn, ei ddeheurwydd fel ymgyrchwr dros godi cofgolofnau i'r Tadau Methodistaidd, ei lafur fel gwas ffyddlon i'w enwad a hyrwyddwr yr angen am werslyfrau mewn Ysgolion Sul, ac fel trefnydd rhwydwaith o arholiadau effeithiol. Yn ogystal â'i waith bugeiliol, treuliodd ddeugain mlynedd yn aelod o Gyngor Coleg Prifysgol Cymru, Aberystwyth. Hyrwyddai achos yr ysbyty lleol, ac fel un o Lywodraethwyr Ysgol Ardwyn ymdrechai i hyrwyddo penodiadau addas ac o'r un anian gwleidyddol ag ef. Ar 26 Mehefin 1896, adeg ethol Tywysog Cymru yn Ganghellor Prifysgol Cymru, ac yntau yn aelod o Fwrdd Llywodraethwyr Coleg Prifysgol Aberystwyth, cafodd Levi y fraint o gyfarfod Gladstone. Nid syndod ychwaith yw canfod ei enw ymhlith y Rhyddfrydwyr cyntaf i'w hethol ar Gyngor Sir Ceredigion ym 1889. Yr oedd hi'n amlwg y byddai Anghydffurfwyr yn ceisio manteisio ar bob cyfle i ennill grym yn lleol a chenedlaethol, a gŵr felly oedd Levi.

Er gwaethaf bagad gofalon bugail a'r mynych bwyllgora, fel sefydlydd a golygydd *Trysorfa y Plant* yn anad dim arall yr hawlia Thomas Levi ei le yn hanes y genedl. Bu dychymyg a dawn weinyddol yn rhan anhepgor o lwyddiant y cylchgrawn hwnnw. Mewn oes o gyhoeddi ac o enwadaeth ddigymrodedd, naturiol ddigon oedd y galw am gylchgronau darllenadwy. Llwyddodd Levi i godi'r 'Sorfa fach' y tu hwnt i ystyriaethau enwadol ac ennill cefnogaeth ac ewyllys da ymhlith darllenwyr o bob oed. Tyfodd y cylchgrawn yn fath ar sefydliad ymhlith y Cymry hyd yn oed ym mlynyddoedd blin y trai ar grefydda cyhoeddus. Nid *Trysorfa y Plant* oedd menter gyntaf Levi ac yr oedd i'r flwyddyn 1854 arwyddocâd arbennig iddo pan roddodd gychwyn ar *Yr Oenig* a olygwyd ar y cyd gan Levi a David Phillips (1812-1904).

'At wasanaeth ieuenctyd y Dywysogaeth', chwedl y golygyddion, yn nodweddiadol uchelgeisiol a chryno, y cychwynnodd Levi ar ei ddyletswyddau golygyddol cyntaf. Gwyddai o'r gorau am anferthedd y dasg ond mewn oes a welsai ymddiddori cynyddol mewn cyhoeddi llyfrau a gyflwynai wybodaeth drwy gyfrwng y Gymraeg, nid dyn i ymwrthod â'r fath her ydoedd. Felly hefyd David Phillips, gweinidog yn Abertawe a dreuliasai flynyddoedd ei ieuenctid yn gweithio yn swyddfa'r post ym Maesteg. Cymell plant cyffredin Cymru rhag ofera a mynd ar ddisberod oedd bwriad y ddau olygydd, a chyflwyno iddynt ddeunydd darllen addas a dyrchafol. Nid hwy yn unig a syniai fel hyn, er mai cystwyo ac nid cymell a wnâi llawer o'r golygyddion eraill. Er enghraifft, rhyferthwy angau oedd byrdwn 'rhaglith' yn *Y Winllan*, cylchgrawn ieuenctid y Wesleaid, ar drothwy Calan 1848. Pwysleisio llwybr gwaredigaeth o drueni amgylchiadau a thlodi ysbrydol drwy gyfrwng addysg a geir yn *Yr Oenig*. Dyna a geir mewn hanesyn syml fel stori 'Iorwerth' yn y rhifyn cyntaf. Yn ôl y stori, wedi iddo fod yn 'Plicio brwyn' am gyfnod, medrodd ei ddysgu ei hun a derbyn addysg yn y *Polytechnic Institution*. Rhithia ysbryd 'Self-Help' (1859) a llawlyfrau 'ymarferol' cyffelyb drwy *Yr Oenig*. Cenhadaeth o werthoedd materol drwy Gristnogaeth yw craidd neges llai gorthrymus y ddau olygydd. Nodwedd arall ar y genadwri yw ei cheidwadaeth gynhenid a'r pwyslais ar osgoi troi'r drol o safbwynt cymdeithasol. Gan Levi y crisielir hyn gliriaf mewn cerdd, 'John Ddiddig'—molawd i *laissez faire* y cyfnod:

Os gwnâi rhywun gam ag ef, neu ei dwyllo,
Goddefai John hynny mewn natur dda eto;
Gwnâi dial y cam, fe gredai o'i galon,
Ddau rôg, oedd un yn ei farn ef yn ddigon.

Fel hyn yr oedd John, er yn dlawd ac yn isel,
Yn mynd trwy y byd yn hynod o dawel;
A da fai i lawer gŵr uchel bonheddig,
Gymryd gwers iddo'i hun o fywyd John ddiddig.

Nid oedd cynnwys *Yr Oenig* yn sych-dduwiol a phur wahanol i lawer o erthyglau'r cyfnod oedd cynghorion ffwrdd-â-hi 'rhen Wmffra', David Phillips. Nid oedd ei farn wrth fodd pawb, serch hynny, ac aeth i drybini oherwydd ei sylwadau am esgeulustra rhai merched o'u gorchwylion yn y cartref. Buan iawn hefyd y llethwyd brwdfrydedd y golygyddion gan drafferthion ymarferol. 'Dosbarthwyr anffyddlon' a ymgecrai am eu siâr o arian a fu'n gyfrifol am dranc *Yr Oenig*. Tinc anorfod oedd i gwestiwn rhethregol Ieuan Gwyllt (1822-77):

> Hawyr annwyl, beth a ddaeth o'r 'Oenig'! Ai marw y creadur bychan? Gresyn i beth bach mor hoffus fyned i'r pentwr mor gynar.

Rhestrodd Levi dri maen tramgwydd: 'Methodistiaeth' (claear fu ymateb rhai o'r eglwysi), 'Saesnigeiddrwydd' (cafwyd peth trafferthion mewn rhai ardaloedd i gynnal diddordeb), a 'Gogledd Addoliaeth' (blinid y golygyddion gan blwyfoldeb ardalwyr). Aflwyddiannus fu'r ple unfed awr ar ddeg a siarsiai'r darllenwyr i gymell eraill i dderbyn y cylchgrawn. Er ennill cefnogaeth William Williams (1817-1900), Bethany, Abertawe, ac Edward Matthews (1813-92) Ewenni, yn y diwedd bu raid wynebu tynged anorfod y cylchgrawn a'i ddirwyn i ben.

Ond nid dyn i wangalonni oedd Thomas Levi. Dair blynedd wedi claddu *Yr Oenig*, lansiodd *Telyn y Plant*, sef cyd-fenter â Ieuan Gwyllt. Dysgwyd gwersi chwerw o'r fenter flaenorol a phenderfynwyd y dylid cyfyngu apêl y cylchgrawn y tro hwn i blant y *Band of Hope*. Gwahoddwyd Ieuan Gwyllt i fod yn olygydd cerddorol.

Ym mlwyddyn Diwygiad 1859 a blwyddyn gyhoeddi y *Llyfr Tonau Cynulleidfaol* y cychwynnwyd ail fenter fawr

Thomas Levi. Yn wahanol i gynnwys *Yr Oenig*, neges benodol ddirwestol ar gyfer plant cynyddol niferus y *Band of Hope* a gafwyd yn y cylchgrawn newydd. Dilyn y mathau o straeon a geid yn Lloegr a wnaethpwyd heb unrhyw ymgais i'w haddasu ar gyfer plant Cymru, a chafwyd toreth o bytiau ailadroddus. Felly'r sôn am ddylanwad plant bucheddol ar rieni ofer, dyweder, neu ddiwedd diotyn mewn seilam neu garchar. Hen bregeth na theimlai Levi unrhyw chwithdod wrth ei benthyca oedd honno am deuluoedd yn afradu arian mawr ac fel y tlodid pwrs y wlad gan ddiota penteuluoedd ofer.

Y tebyg yw ei fod yn gyfarwydd â chylchgronau Saesneg fel *Onward* ac yn 'benthyg' deunydd i'w gyfieithu i'r Gymraeg. Cyplysai sobrwydd â buchedd Gristnogol a rhyddfenthyciai eirfa ddiwinyddol i ddisgrifio cyflwr y meddwyn a'r pwysigrwydd, er enghraifft, o'i 'achub'. Cynnal gobaith, gan addo'n daer y deuai gwell byd, a wneid. Eto i gyd, diedifar oedd y ddau wrth gondemnio'r tafarnwr mewn iaith mor lliwgar:

> Dyna y locustiaid Aiphtaidd sydd yn goresgyn ein tir, ac yn difa ein prenau prydferth, ein blodau a'n ffrwythau. O'n blaen y mae y wlad fel gardd Paradwys, ar eu hol y mae yn ddiffeithwch anrheithiedig.

Sylfaen cenhadaeth Levi oedd 'Darlithiau y Plant' a chyflwynodd amrywiadau o'r dadleuon dros ddirwest ym mhob rhifyn. Ni soniai am aflwyddiant—i'r gwrthwyneb, clodforai lwyddiant ar raddfa fyd-eang a mynnai fod y 'rhyfel' wedi ei ennill erbyn yr ail ddarlith! Ond nid mater o ymddygiad personol plentyn yn unig oedd hyn. Canfu gryfder annisgwyl mewn brawdgarwch cyfoedion. Rhydd Levi fynegiant mwy dramatig i hyn oll:

> Byddinoedd y *Band of Hope* sydd wedi eu hordeinio i 'dorri bolltau hen garcharau' meddwdod, a 'thynu y barau heyrn yn ol', taflu y drysau led y pen, a gollwng y carcharorion yn rhydd.

Gieir wedi meddwi. Gwraig Thomas y
Crydd o'r Creunant, yr wythnos ddiwedaf
(Med. 1856) a roddodd ei cheiniogwerth burym
i loewi, a thywalltodd ei wyneb i lestr arall.
Yn mhen ychydig, oblegyd nad oedd dwfr wrth
law, gwlychodd flawd i'r gieir, a'r gloyw-
won hyny: ac yn fuan wedi i'r gieir fwyta
y toes, yr oeddynt yn troi o amgylch, yn gostwng
eu penau, yn taro ar draws eu gilydd —
mewn gair — yr oeddynt yn "feddw mawr."
ac yn mhen ychydig bu farw un o honynt.

Bri ar ddirwestwr. Clywais yr ymddyddan
canlynol yn ddiweddar rhwng tafarnwraig
Mrs. W— P—, a'i morwyn — pan oedd
y gwr oedd yn cadw cyfrifon y Bar wedi
myned yn ~~[illegible]~~ ormod o yfwr, a'r wraig wedi
gorfod ei droi ymaith — "Wn i ddim beth
a wnewch am ddyn i gadw'r cownt nawr,
Meistres;" — "Wn i ddim wir — yr wyf mewn
trafferth," ebe'r wraig. "Y mae yn rhaid i chwi
gael rhyw un sydd yn dotal, meistres —
'd yw e'n un dyben i chwi roi neb arall."
"Nag yw 'r wy'n meddwl, wir."

Y llanciau i droi'r byd i'w le. Pregethwr
yr ychydig o amser yn ol mewn cyfarfod
pregethu, a gymerodd y testyn canlynol,
"Y rhai sydd yn aflonyddu'r byd" — neu yn ol y Saesneg
"yn troi'r byd a'i wyneb i waered, a ddaethant
yma hefyd" — ac a wnaeth y tri sylw canlyn-
ol — Yn 1 — Fod y wyneb chwith i'r byd i
fyny. Yn 2 — Fod yn bosibl ei droi. Yn 3 —
Mai ni yw y llanciau i wneyd hyny."

21 Nodiadau dirwestol gan Thomas Levi (LlGC LLS. 17537B).

Ond nid ffaglu brwdfrydedd oedd unig ddiben y cylchgrawn; fe'i defnyddid hefyd yn hysbysfwrdd dros ddigwyddiadau'r *Band of Hope* ledled Cymru. Llwyddiant y mudiad a bwysleisid a phrin oedd ymdrech y ddau olygydd i ddadansoddi yr arfer o ddiota yn wrthrychol. Rhan o'r apêl oedd atgoffa'r plentyn o'i allu i berswadio oedolion i ddiwygio eu ffyrdd a hybu'r ymdeimlad ymhlith yr ifanc eu bod yn cael eu trin yn wahanol i'w rhieni. Ni cheir esboniad paham y daeth *Telyn y Plant* i ben mor ddisymwth ym mis Rhagfyr 1861. Ond, yn wahanol i dranc ymdrech flaenorol Levi, tinc buddugoliaethus sydd yn anerchiad olaf y golygydd i'r ffyddloniaid. Gwireddwyd y bwriad o roi hwb ymarferol i weithgareddau'r *Band of Hope* ac awgrymwyd y dylid rhwymo'r rhifynnau fel y gellid cyfeirio atynt drachefn. Daeth ail fenter Levi i ben oherwydd amgylchiadau gwerthu anffafriol, ond ni chwynodd yn gyhoeddus ar gownt hyn gan ei fod ar fin wynebu her y sialens bwysicaf un yn ei hanes ym 1862.

Fel golygydd, ar ei liwt ei hun y gweithiai Levi bellach—menter o gryn bwysigrwydd i ŵr a chanddo weledigaeth bendant. Mewn cyfarfod o Gymdeithasfa Lerpwl ym 1861 penderfynwyd mai da fyddai gweld:

> Cylchgrawn newydd o'r enw 'TRYSORFA Y PLANT', pris ceiniog y rhifyn, dan olygiad y Parch. Thomas Levi.

Bu cefnogaeth lwyr yr enwad i faterion gweinyddol ac ariannol yn hwb digamsyniol i lwyddiant golygyddiaeth Levi. Gyda sypynnau o'r *Drysorfa*, felly, y dechreuwyd ar y gwaith o ddosbarthu'r cylchgrawn. Cynigiai Levi gynlluniau blaengar i chwyddo'r cylchrediad. Rhan o'i weledigaeth oedd hysbysu holl blant yr Ysgolion Sul a'u cymell i ddylanwadu ar gyfeillion i brynu *Trysorfa y Plant*. Yr oedd yn ffyddiog y gellid gostwng pris archebu i'r Cyfarfodydd Misol er mwyn cynnig rhagor o dâl i ddosbarthwyr a chynnig gwobrwyon fel abwyd i'r gwerthwyr. Pwysai hefyd ar y gweinidogion i gymell rhagor o ddarllenwyr ac er mwyn dwyn y maen i'r wal yr oedd gofyn argraffu digon o bosteri ar gyfer yr eglwysi.

TRYSORFA Y PLANT.

RHIF. I.] IONAWR, 1862. [CYF. I.

GAIR AT Y PLANT.

FY ANWYL GYFEILLION,—Gan fy mod yn ymwelydd dyeithr, ac na welsoch fy wyneb o'r blaen, mae yn iawn i mi adrodd fy neges wrthych. Gwnaf hyny mewn chwech o benau.

1. Dysgu gwirioneddau i chwi o'r Bibl, ac am y Bibl, mewn ffordd mor syml ac eglur ag y gallwyf.

2. Gosod eich traed ar ben y ffordd at wahanol gangenau gwybodaeth gyffredinol.

3. Rhoddi hanesion byr, a chryno, i chwi am sefydliadau, dyfeisiau, a dynion enwog, fel y byddo genych ryw syniad am bob peth, a phob dyn, y clywsoch lawer o son am danynt.

4. Rhoddi hanes ymddygiadau dewr, rhinweddol, a duwiol, mewn plant, er mwyn eich cyffroi chwithau i ymddygiadau cyffelyb.

5. Adrodd ystorïau difyr a phert wrthych, er mwyn tynu eich bryd at ddarllen, fel y deloch yn ddarllenwyr da, ac yn hoff o lyfrau.

6. Egluraf lawer o'm gwersi i chwi â'r darluniau goreu allaf gael, fel y byddo yn hawddach i chwi eu deall a'u cofio.

22 Wyneb-ddalen rhifyn cyntaf *Trysorfa y Plant,* Ionawr 1862.

Yn wir, o safbwynt ariannol, bu'r fenter yn gwbl lwyddiannus hyd nes y defnyddiwyd yr elw i dalu am gostau cynhyrchu dau gylchgrawn arall o eiddo'r Cyfundeb, sef *Y Drysorfa* a'r *Traethodydd.*

Ar drothwy'r fenter cafwyd datganiad clir o fwriad y golygydd, sef cyflwyno:

> . . . hanesion byr, a chryno, i chwi am sefydliadau, dyfeisiau, a dynion enwog, fel y byddo genych ryw syniad am bob peth, a phob dyn, y clywsoch lawer o sôn am danynt.

Nid delfrydwr â'i ben yn y gwynt oedd Levi a gwyddai yn burion mai ar sail ei gynnwys y bernid pob cylchgrawn. Gofalu bod amrywiaeth o erthyglau byrion oedd cyfrinach ei lwyddiant. Mewn dulliau digon ymarferol fe welwyd gwireddu ei weledigaeth o fagu awch ymhlith yr ifanc, mynd i'w byd, a'u cadw yn driw iddo o'r naill fis i'r llall. Nac anghofier ychwaith ei fawr ofal dros y dyletswyddau ymarferol, beunyddiol o weinyddu'r fenter fel busnes, ei ddiddordeb yn yr ystyriaethau ariannol, a'i uchelgais i weld cynnal *Trysorfa y Plant* ar raddfa genedlaethol.

Rhan arall o gyfrinach golygydd da oedd ei annog taer ar brynwyr i ddwyn sylw eu cyfoedion at gynnwys y cylchgrawn. Mewn cywair llawn gobaith yr âi rhagddo, nid yn unig i ddymuno'n dda i'w ddarllenwyr ond i gyfleu'r argraff fod pethau ar gynnydd. Yr oedd ei neges ar drothwy 1875 yn dra chalonnog:

> Y mae yn llawen genym allu dyweyd eleni eto, fel arfer, ei bod yn dal i gynnyddu yn ei chylchrediad fel y mae yn cynnyddu mewn oed.

Cam pellach o ran cynnal diddordeb oedd cyhoeddi ffigurau cylchrediad (o safbwynt y prynwyr ac nid y darllenwyr, wrth reswm). Ym mlwyddyn gyntaf y fenter datgelwyd bod 11,000 yn prynu'r cylchgrawn a bu cynnydd sylweddol a chyson nes cyrraedd uchafbwynt o 45,000 ym 1881. Mewn cyfres o ragymadroddion mynegodd Levi ei ymrwymiad fel golygydd at ei ddarllenwyr. O graffu'n fanylach ar ddosbarthiad y prynwyr—a chyfrifir nifer sylweddol o oedolion ymhlith y rheini—fe welir mai sir Forgannwg boblog, ddiwydiannol a oedd ar frig tabl y cylchrediad misol ym 1868. Gwan oedd y sefyllfa yn y siroedd gwledig, tenau eu poblogaeth a chynyddol Seisnig:

	Cylchrediad misol
Sir Forgannwg	5,460
Sir Aberteifi	3,236
Sir y Fflint	2,683
Sir Frycheiniog	321
Sir Benfro	420
Sir Fynwy	549

Eto, ni ddylid anghofio'r nifer cynyddol o brynwyr ymhlith Cymry alltud dinasoedd Lloegr. Ymhlith y mwyaf blaenllaw yr oedd trigolion Lerpwl (605), Llundain (474) a Manceinion (232). Fel y gweddai i ddyn o grebwyll busnes praff, cadwai Levi gyfrif manwl o'i holl enillion. Ym 1865 derbyniai £25 yn gyflog gan y Cyfundeb. Codwyd y swm hwnnw i £105 ym 1876 nes i'w enillion fel golygydd ennill rhagor iddo na'i gyfrifoldeb fel bugail. Bu'r gydnabyddiaeth ariannol yn gryn abwyd a chymhelliad dros barhau yn olygydd y cylchgrawn.

Heb ymroddiad unigolion, fodd bynnag, ofer fuasai'r holl drefniadau. Yn hyn o beth bu Levi yn ffodus. Gŵr o anian brysur oedd yr argraffydd Peter Maelor Evans (1817-78), Rhyddfrydwr a chyfundebwr, dyn y gallai Levi gydweithio yn rhwydd ag ef. Enillasai enw am waith cymen ac yn y County Herald Office, Treffynnon, yr argraffwyd *Y Drysorfa* (o 1852 ymlaen) a'r *Traethodydd* (o 1855) ymlaen. Cafwyd cymorth ysbeidiol gan Samuel Maurice Jones (1853-1932), arlunydd y tystiai *Cymru* a *Cyfres y Fil* i'w grefft a'i lygaid sicr. Cafodd Levi ryddid i ddilyn ei gŵys ei hun heb ymyrraeth o gwbl o du'r Cyfundeb. Ym 1881 penodwyd David O'Brien Owen, brodor o'r Grugan Ddu, Y Groeslon, yn Oruchwyliwr Cyffredinol. Dyma flynyddoedd y canoli yn hanes y Cyfundeb: codwyd Llyfrfa yng Nghaernarfon yn yr un cyfnod, ac yn ddiau hefyd teimlid y dylid ymddiried i ŵr ifanc fel Owen y cyfrifoldeb o weinyddu'r fenter sylweddol o gyhoeddi a dosbarthu *Trysorfa y Plant*. Ni chofnodwyd barn Levi ar y mater ac ni fu newid yng nghynnwys y cylchgrawn.

Llwyddodd Levi, i raddau pellach na rhai o'i gyfoeswyr, i ystyried gwir anghenion darllen plant. Cyndyn fu awduron blaenorol i wneud hynny. Achub a chadw, rhybuddio a dwysbigo cydwybod—ni fu glastwreiddio ar esgyrn sychion y genadwri efengylaidd honno. Y neges oedd bwysicaf ac nid y ddiwyg, a hwyrfrydig oedd awduron i gymhwyso eu moesoli at chwaeth yr ifanc. Dyma rybudd diflewyn-ar-dafod golygydd *Trysorfa Ieuenctyd* ym mis Ebrill 1828:

> Y mae y rhai ieuainc yn marw, ac y mae hyn yn galw ar rai ieuainc hefyd i fod yn barod i farw.

Nid cystwywr oedd Levi; gŵr oedd ef a wyddai pa mor ddengar oedd 'ystoriau difyr a phert'. Ond yr oedd yn ymwybodol o gyflwr truenus llawer o'r tlodion. Sefydlu ysgolion ledled Cymru oedd un cam amlwg i geisio gwella amgylchiadau pobl, er mai ei fwgan ef, fel yn achos llawer o'i gyd-grefyddwyr, oedd gweld Anglicaniaeth yn dylanwadu'n ormesol ar feddyliau'r ifanc. Ond wedi blynyddoedd cythryblus ddechrau'r bedwaredd ganrif ar bymtheg, a sadrwydd cymharol y cyfnod canol, manteisiodd rhai gweithwyr, y mwyaf crefftus gan amlaf, ar well amodau byw. Ar gyfartaledd, derbynnid gwell tâl mewn diwydiant a masnach, a chymeradwyid y syniad o hamddena gan lawer.

Cyfrinach fawr *Trysorfa y Plant* oedd yr amrywiaeth diddorol o erthyglau a lunnid gan y golygydd. Yn ei 'Anerchiad i Ieuenctyd', Ionawr 1880, ceir llawer o'i ragdybiaethau ynglŷn â'r ifanc. Fe'u rhybuddir rhag llaesu dwylo, a'u hannog i osgoi 'pleserau amheus' a meithrin hwyl diniwed, chwarae â ffrindiau yn yr awyr iach a mwytho anifeiliaid anwes. Ond nid chwarae yn unig a welir ar dudalennau cylchgrawn Levi. Craidd y ddadl efengylaidd, na fu amrywiad arni yn *Trysorfa y Plant* mwy nag yng ngweddill y cylchgronau enwadol, oedd atgoffa'r darllenydd o freuder einioes a chariad Crist at yr ymadawedig. Nid Levi yn unig a ysgrifennai yn y dull canlynol ond y mae'r arddull yn cyfleu profiadau a fynegwyd yn ingol gan rai o'r Tadau Methodistaidd flynyddoedd ynghynt:

> Dyma un eto o blant bach y DRYSORFA wedi syrthio a myned ymaith. Bu farw yr anwyl Maggie Lewis, Rhiwbryfdir Wharf, Portmadoc, yn dair blwydd a thri mis oed; megis blodeuyn prydferth yn dechrau ymagor ac yn swyno pawb o'i hamgylch; a phan yr oeddym yn meddwl fwyaf o honi, wele awelon oer a gwenwynllyd angeu yn disgyn arni ac yn ei gwywo.

O 'groth Calfiniaeth' y tyfodd *Trysorfa y Plant*, ac er mai cylchgrawn enwadol ydoedd yn bennaf ac er i'w ddylanwad ymestyn ymhellach, y Beibl oedd sail swrn helaeth o'r erthyglau cynharaf. Ymboenai Levi am brinder llyfrau gwybodaeth addas i blant, ac nid ar chwarae bach yr aeth ati i ddiwallu angen dybryd yr Ysgolion Sul am werslyfrau. O ran arddull, maint y print a'u gwedd gyffredinol, bu 'Gwersi i'r Rhai Bach' ac addasiadau Levi o'r Saesneg, 'Y Tabernacl yn yr Anialwch' a 'Crefydd Bresennol yr Iddewon', yn enghreifftiau clodwiw o'i flaenoriaethau fel cyfathrebwr.

Dibynnid ar y Beibl fel arweinlyfr a ffynhonnell gyfoethog o wybodaeth amrywiol ac fel sail i nifer dda o erthyglau. Fel arwr yr Ysgol Sul, tad cyfrifol a phenteulu y portreedir Crist ganddo. Ond ymestynnai diddordeb Levi i feysydd eraill hefyd, fel y gwelir yn y gyfres, 'Rhyfeddodau Natur', pytiau difyr 'John Jones' y gwladwr o Gymro, a'i lithoedd o Lundain, ac 'Athroniaeth Pethau Cyffredin'. Cofleidiai'r gred mewn hunan-addysg. Mewn oes glogyrnaidd ei harddull bu rhwyddineb Cymraeg Levi yn gryn gaffaeliad. Sgwrsio yn hamddenol a wna'r tad â'r plentyn nes i gwestiwn Eben roi cyfle i'r awdur ymarfer ei ddawn fel cyfieithydd:

26 TRYSORFA Y PLANT.

Y GATH FACH A'R PLENTYN.

A FU genych chwi gath fach a baban yn eich ty ar unwaith Efallai eu bod yn awr. A ddarfu i chwi sylwi gymaint yn fwy cyflym oedd y gath yn dysgu na'r baban. Mae y gath yn gallu cerdded, neu ymlusgo cyn agor ei llygaid yn iawn. Yn mhen ychydig wythnosau bydd yn gallu rhedeg a neidio. Ond yn mhen ychydig wythnosau bydd yn gwybod cymaint ag a ddaw i wybod byth. Yn mhen blwyddyn bydd yn gath llawn faint. Mor wahanol yw gyda'r baban. Bydd ef am amser maith heb fod yn abl i wneyd dim drosto ei hun, a rhaid gwneyd pob peth iddo. Bydd am ddau neu dri mis heb adnabod ei fam; ac yn mhen blwyddyn ni fydd ond dechreu cerdded, a dechreu siarad yn aneglur. A ydych chwi yn colli eich amynedd gydag ef? Peidiwch a blino. Mae y gath yn dysgu ychydig, yn dysgu yn gyflym, ac yna yn aros, heb ddysgu dim mwy. Mae y baban yn dysgu yn araf ar y dechreu, ond bydd ef yn para i ddysgu yn y blaen pan fydd y gath wedi marw o henaint. Mae meddwl plentyn yn fwy, yn gryfach, yn eangach na meddwl cath, ac y mae yn gofyn mwy o amser i'w agor, i'w gychwyn, a'i osod yn iawn ar ei daith.

"Y meddwl mawr, bob enyd,
Yn symud, symud sydd."

23 Enghraifft o'r math o erthygl a gynhwysid yn *Trysorfa y Plant,* Ionawr 1905.

Eben: Beth yw y gair Cymraeg am 'radiation'?
Tad: Pelydriad, neu lewyrchiad, dybygwn.
Eben: Beth y mae y llyfrau yna yn feddwl wrth sôn am belydriad gwres?
Tad: Fod y corff yn taflu allan belydriad o wres.

Byd natur, rhyfeddodau'r planedau a rhyferthwy'r ddaear oedd rhai o'r pynciau a drafodid, ond ni chyfyngodd y golygydd ei hun i wyddoniaeth. Câi hefyd ysbrydoliaeth ym myd hanes, er mai gogwydd Prydeinig a geid ganddo, yn rhannol oherwydd ei ddibyniaeth ar deithi meddwl yr oes ac ar ffynonellau Seisnig. Heblaw braidd gyffwrdd â Methodistiaeth ac ambell sylw am ddoniau pregethwyr, niwlog iawn oedd ei amgyffred o hanes Cymru. Nodweddiadol yw'r hanes llafurus am stori'r dioddefwyr Protestannaidd yn 'Hanes y Merthyron' a'i gyflwyniad hir a manwl, 'Hanes Prydain i'r Plant', gydag ambell bwt edmygus ar y Frenhines Victoria a'i thylwyth. Ni rannai Levi yr un delfrydau ag O. M. Edwards ac nid oedd yn fwriad ganddo i ddeffro cenedl a fu gyhyd o dan sawdl.

Amlygir hyn hefyd yn ei ddewis o arwyr mewn cyfres faith o fywgraffiadau. Ffolai'r Fictoriaid ar wŷr a gwragedd neilltuol, pobl o gig a gwaed a adlewyrchai deithi meddwl yr oes. Oherwydd prinder lluniau addas—cryn faen tramgwydd iddo yn y blynyddoedd cynnar—rhaid oedd dibynnu ar hanesion arwyr estron. Ond nid dyn i'w lorio gan drafferthion ymarferol mo Levi a chynhwysodd amryw o Gymry da ym mhantheon yr enwogion. Ond pa fath bobl oeddynt? Gwleidyddion Seisnig, yr Arglwydd Derby a'r Arglwydd Russell, W. E. Gladstone, Gambetta a Garibaldi, ambell ddyn busnes fel 'Alderman Evans', Arglwydd Faer Llundain yn ddiweddarach, neu T. Jerman Jones, bugail a chenhadwr ym mryniau Casia, India. Nid anwybyddwyd cyfraniad ambell ferch ychwaith.

Mewn bywgraffiad o'r gantores o Ddowlais, Megan Watts Hughes (1842-1907), soniodd Levi am y newid a ddigwyddodd yn hanes y ferch yn ystod ei olygyddiaeth faith. Llusgo ymlaen fu'r gwella cyffredinol mewn addysg ac amodau gwaith. Er gwaethaf cyndynrwydd rhai, bu antur yr eneth ifanc yn destun sawl stori boblogaidd iawn yn *Trysorfa y Plant:* 'Sisidonia: neu drem ar Helynt y Cristionogion yn yr Ail Ganrif', er enghraifft, neu 'Dihangfa yr Arglwyddes Elfrida o Dan deyrnasiad Mary Waedlyd' a 'Rose a Blanche: neu Gynllwynion Jesuitiaid'. O'r Saesneg y benthyciwyd y mwyafrif llethol o'r hanesion hyn ac y mae eu lleoliadau dieithr a'u cynnwys yn gwbl anghydnaws â chylchgrawn enwadol. Merched ifainc lled annibynnol, anturwyr sy'n fodlon mentro arni, oedd Rose a Blanche a'u tebyg. Nid oeddynt yn hollol gydradd â'r bechgyn a thuedd rhai o'r merched oedd peidio â chrwydro'n rhy bell o glydwch eu cartrefi. Ond ni chefnodd Levi ar ddisgrifio benyweidd-dra mwy derbyniol. Yn sgil y straeon hyn gwelir yn glir rai agweddau ar sydetrwydd bywyd dosbarth canol y cyfnod:

> Yr oedd Eva yn eistedd wrth y bwrdd te yn yr ystafell fagu ('nursery'), a chymerodd Modryb Betsy, yr hen fammaeth, gadair gyferbyn a hi. 'Nurse', ebe Eva, 'nid yw te yn ddigon melus; nid wyf yn meddwl fod un tamaid o siwgr ynddo.'

Cam i'r cyfeiriad iawn fu cynnwys cyfresi o straeon antur. Gwaetha'r modd, ni cheir dim o wreiddoldeb *Cymru'r Plant* ynddynt, ac ar wahân i borthi ambell ragfarn Brotestannaidd, prin yw'r arlliw crefyddol hefyd. Tystiodd W. J. Gruffydd i ddylanwad 'Albert Maywood' arno pan oedd yn llencyn, ond nid 'hepian' oedd yr 'hen frawd', fel y tybiai Gruffydd, pan adawodd Levi i stori am y Gorllewin Gwyllt lithro i mewn i'r cylchgrawn enwadol! Palff o gymeriad lliwgar, yn nhraddodiad nofelau *Leatherstocking* James Fenimore Cooper oedd yr arwr yn y straeon hyn. Am resymau cyffelyb y llwyddai antur Rose a Blanche i ddenu'r selogion. Bu dieithrwch y cefndir, y mynych sôn am drefi ar gyfandir Ewrop, y crwydro dibaid o'r naill antur i'r llall ac, yn bwysicach fyth, yr elfen o ddirgelwch, yn anhepgor i'r cyfresi. Felly, mawr fu apêl cynllwyn y Cristnogion yn 'Sisidonia' a chyffro'r erlid ar yr Arglwyddes Elfrida yn nheyrnasiad Mari Waedlyd.

Bu mynd da hefyd ar ddisgrifio plant yn chwarae, a chlodforid eu diniweidrwydd a'u direidi ar gân ac mewn stori. Ceir adlais o hyn mewn teitlau fel 'Teganau', 'Difyrrwch Plant', 'Ohoi Dacw Dolig' a 'Barcutan Newydd Bob' ymhlith myrdd o benillion bychain eraill. Rhyfyg ar ran golygydd cylchgrawn enwadol fyddai cynnwys pytiau mor ysgafn ar ddiwedd pob rhifyn—ond dyna a wnaeth Levi, a chael cryn hwyl arni. Enghraifft arall o'r newid hinsawdd a'r pwyslais cynyddol ar ddiddanwch oedd y toreth o straeon hwyliog am blant a'r tynnu coes ysgafn ar ffurf holi ac ateb. Yn ogystal â straeon am gapel a phlant yn cael y llaw uchaf ar flaenor sychdduwiol neu'n rhoi taw ar athro uchel ei gloch, ceid llawer yn sôn am hwyl yng nghwmni anifeiliaid anwes. Cymharer hyn â chylchgronau enwadol eraill, ac fe welir Levi yn newid gogwydd *Trysorfa y Plant* fwyfwy at chwaeth y plentyn. Ni chyfyngwyd yr ysgafnder i'r dudalen gefn a cham o gryn arwyddocâd oedd symud y diddanion yn nes at ganol y cylchgrawn. Amlygir beiddgarwch yr awdur gliriaf mewn stori am fachgen ifanc yn meiddio chwerthin yn y capel:

> Da iawn, Trevor, chwerthin 'glad' ydy. Mae mwy o chwerthin glad yng nghapelau Cymru—nag a fu er ys llawer o amser.

Credai Levi yng ngrym y gair ac i olygydd crefftus yr oedd gofyn cyfuno hynny â lluniau o blant bywiog. Am flynyddoedd lawer dibynnai ar ysgythriadau cyn arbrofi â ffotograffau, a chreu unoliaeth o ran cysodi na welwyd mo'i thebyg mewn cyhoeddiadau enwadol eraill. Ymgorfforai'r clawr y newid mewn cynnwys a'r pwyslais cynyddol ar ddiddordeb mewn hamddena. Yn ystod cyfnod olaf Levi fel golygydd, yr oedd gan y Llyfrfa yng Nghaernarfon le amlwg yn y cynllun ac ar wahân i arfbais y cyfundeb (gwaith T. J. Wheldon (1841-1916), brodor o Lanberis a bugail Eglwys y Tabernacl, Bangor), prin oedd yr arwyddion o dras enwadol y cylchgrawn, er bod rhai plant yn cario baner ac arni'r enw *Band of Hope*.

Drwy gydol ei olygyddiaeth, sail gweledigaeth Levi oedd y Gristnogaeth ymarferol honno a'i cymhellai i godi cofebau i

ARGLWYDD IESU'R BUGAIL MWYN.

Y geiriau gan T. LEVI.

Y gerddoriaeth gan R. WILLIAMS, Porthdinorwig.

DOH G. *Araf a thyner.*

m.f.

Arglwydd Iesu'r Bugail mwyn! Edrych ar dy anwyl wŷn,

rit. . . . .

Dyro arnom ni dy Nôd, I dy gorlan gad ni dd'od,

p *rall*

Buost farw drosom ni, Dwg ni i Dy fynwes gu

tempo *rall*

Buost farw drosom ni Dwg ni i Dy fynwes gu.

Arglwydd Iesu, 'r Bugail mwyn,
Ti, O! Dduw, wnai gydymddwyn,
Maddeu'n holl bechodau'n rhad,

Golch ni yn dy werthfawr waed,
Yna cawn dy foli fry
Ar hen anthem Calfari!

24 'Arglwydd Iesu'r Bugail Mwyn': emyn o waith Thomas Levi.

rai o'r Tadau Methodistaidd ac i ddyfal lenwi coffrau 'Blwch yr Arglwydd' ag arian ei aelodau. Yr un ymarferoldeb a'i gyrrai i ofalu am gylchgrawn misol o'r wasg. Am flynyddoedd maith bu'r rhagymadroddi ar lwyddiant ysgubol gwerthiant yn rhan annatod o waith y golygydd hirben. Er bod nifer y darllenwyr wedi cynyddu i dros ddeugain mil y mis, pylodd brwdfrydedd y golygydd i ddal ati. Efallai fod a wnelo'r gystadleuaeth, yn enwedig o du O. M. Edwards, yn rhannol â hynny. Yn sicr ymdebygai rhai o'r 'cyhoeddiadau newyddion', chwedl Levi, i *Trysorfa y Plant* o ran cynnwys. Bu David Griffith (1823-1913), sefydlydd Eglwys Annibynnol Moreia, y Felinheli, a golygydd *Dysgedydd y Plant* yn gwbl agored ei edmygedd o ffyddlondeb darllenwyr i Levi:

> Boed iddynt gofio y modd yr ymddyga pobl ieuainc y Methodistiaid at eu 'Trysorfa' hwy. Oni bai eu bod yn aiddgar iawn dros ei ledaeniad, nis gallasai i lywyddiant fod o gymaint.

Cynigiodd Levi weledigaeth newydd am ysbaid a bu ei ddylanwad ar gynnwys cylchgronau enwadol eraill yn drwm. Ond bu raid iddo wynebu'r her o orfod ymateb i bwysau'r byd. Gwnaeth hynny yn bur lwyddiannus, gan droi *Trysorfa y Plant* yn llawer nes at freuddwyd O. M. Edwards na'i ragflaenwyr enwadol. Ond gan Edwards y cafwyd y weledigaeth drwyadl Gymreig a chenedlaethol. Ni welwyd honno ar dudalennau *Trysorfa y Plant.* Denwyd y ddau olygydd at straeon am fyd natur; felly hefyd y sôn am wledydd dieithr, a chasglwyd myrdd o fân straeon am blant. Arwain ei gylchgrawn a'i ddarllenwyr tuag at wawr canrif arall—dyna yn fras oedd uchelgais Levi, ac fe'i gwireddwyd. Ond pallu a wnâi egnïon yr hen olygydd, er na chafwyd awgrym o hynny ar goedd gwlad, a daethpwyd i ddibynnu fwyfwy ar gyfraniadau cyfranwyr eraill. Bu blynyddoedd olaf ei olygyddiaeth yn gyfle da i ambell fardd fwrw prentisiaeth cyn derbyn cydnabyddiaeth genedlaethol ac i eraill, fel ei olynydd R. D. Rowland (Anthropos), ddechrau gweld eu gwaith mewn print.

Nid golygydd di-fflach oedd Anthropos, ond honnodd E. Morgan Humphreys na feddai ddawn ei ragflaenydd i 'arlwyo ar gyfer plant'. Ond glynu wrth weledigaeth yn hytrach na'i datblygu a wnaeth, ac nid oedd amheuaeth nad fel cylchgrawn ar gyfer amser chwarae a hamddena yr ystyrid cynnwys *Trysorfa y Plant* bellach. A 'gwaedd y bechgyn lond y gwynt', ymaflodd Anthropos yn ei gyfrifoldebau yn betrusgar. O dipyn i beth diflannodd hen hyder oes Victoria, a chwynai (yn wahanol i Levi) oherwydd difrawder rhai darllenwyr. Ni pherthynai i'r cylchgrawn yr un agosatrwydd ac er mai rhygnu ymlaen a wnaethpwyd, prin y gellid honni iddo roi cychwyn ar bennod gyffrous yn hanes *Trysorfa y Plant*.

Bodlon ei fyd ai peidio, parhâi Thomas Levi i dreulio gweddill ei oes faith yn ysgrifennu a phwyllgora. Yn ei genadwri glynai wrth yr hen werthoedd a bu ei ymlyniad wrth ei gyfeillion, ei dref a'i genedl, yn esiampl glodwiw o'r hyn a ddisgrifid yn fynych fel 'y gwerthoedd Fictorianaidd'. Eironi drofaus hanes yw y gellir yn rhwydd dadogi beirniadaeth E. Morgan Humphreys am Anthropos ar Thomas Levi a'i gylchgrawn: 'Talodd y ddirwy anorfod am fyw yn hen.'

DARLLEN PELLACH

G. Avery, *Nineteenth Century Children: Heroes and heroines in English Children's stories, 1780-1900* (Llundain, 1965).

E. Keri Evans, *Cofiant Dr Joseph Parry* (Caerdydd, 1921).

Mairwen Jones a T. Gwynn Jones, *Dewiniaid Difyr: Llenorion Plant Cymru hyd tua 1950* (Llandysul, 1983).

R. Tudur Jones, 'Darganfod Plant bach: Sylwadau ar Lenyddiaeth Plant Oes Victoria', *Ysgrifau Beirniadol VIII*, gol. J. E. Caerwyn Williams (Dinbych, 1974).

W. R. Lambert, *Drink and Sobriety in Victorian Wales c. 1820-95* (Caerdydd, 1983).

Thomas Levi, 'Adgofion Mebyd', *Y Traethodydd*, XIV (1858).

J. E. Meredith, *Thomas Levi* (Caernarfon, 1962).

E. G. Millward, *Cenedl o Bobl Ddewrion: Agweddau ar Lenyddiaeth Oes Victoria* (Llandysul, 1991).

T. E. Roberts, 'Yr Hybarch Thomas Levi', *Trysorfa y Plant*, LV (Awst, 1916).

M. I. Williams, *Y Tabernacl, Aberystwyth, Hanes yr Achos, 1785-1985* (Llandysul, 1986).

YR YMGYRCH I 'ACHUB Y MAMAU' YNG NGHYMOEDD DIWYDIANNOL DE CYMRU, 1918-1939

Mari A. Williams

Y mae mamau Cymru wedi dioddef mwy nag unrhyw un arall yn sgil tlodi enbyd y degad diwethaf; ffaith a ddaw i'r amlwg pan ystyrir faint sydd yn colli eu bywyd wrth roi genedigaeth i'w plant . . . Yr wyf wedi dweud wrth lowyr a thrigolion y De lawer tro: 'Dim ond un galwedigaeth sydd yn fwy peryglus na'ch un chi, a galwedigaeth y fam yw honno.'

James Griffiths A.S., 18 Mehefin 1937

Ym mis Ionawr 1938 cyhoeddodd yr Arglwyddes Juliet Williams o Blas Meisgyn, sir Forgannwg, ei bwriad i sefyll fel ymgeisydd seneddol yn is-etholiad Pontypridd. Nid oedd dim yn syfrdanol yn y ffaith honno, gan fod yr Arglwyddes Williams, gwraig y cyn-aelod seneddol Rhyddfrydol, Rhys Williams, yn uchel ei pharch yn yr ardal a'i henw yn ddigon cyfarwydd i etholwyr Pontypridd. Eto i gyd, a hithau wedi rhoi genedigaeth i'w phedwerydd plentyn lai na mis ynghynt, diau yr ystyrid ei phenderfyniad i ymladd gornest o'r fath yn gryn gamp. Nid profiad hwylus a didramgwydd oedd geni baban yn ystod y blynyddoedd llwm rhwng y ddau ryfel byd. Ac yn ne Cymru yn fwyaf arbennig, yr oedd yr ystadegau moel a gyhoeddid gan swyddogion iechyd lleol yn brawf pendant o'r peryglon. Rhwng 1924 a 1933 yr oedd oddeutu dwy fil o famau'r De diwydiannol wedi colli eu bywydau o ganlyniad i'w profiadau ar wely esgor. Dioddefai miloedd yn rhagor anhwylderau a gwaeledd difrifol yn sgil genedigaethau trafferthus. Afraid dweud mai braint ychydig o famau yn unig oedd cael adferiad mor fuan â'r Arglwyddes Williams. Eithr, yn bennaf oherwydd ei hymdrechion hithau ac eraill yn y cylch, daeth y gobaith hwnnw yn fyw i gannoedd mwy o famau'r De erbyn trothwy'r Ail Ryfel Byd.

Rhydd portreadau llenyddol rhai o awduron Eingl-Gymreig y cyfnod olwg fanwl ar aberth a dioddefaint y fam yn ystod y blynyddoedd blin hynny. Ac nid rhaid edrych ymhellach na nofel Gwyn Jones, *Times Like These* (1936), i brofi erchylltra marwolaeth gwraig briod ifanc mewn ward ysbyty famolaeth. Ni cheir yr un portread cyffelyb yn llenyddiaeth Gymraeg y cyfnod. Yn wir, ym 1935, apelio am sylw'r llenorion Cymraeg a wnaeth prifathro ysgol Blaenrhondda, O. Jones Owen:

> Pwy a nydda bryddest i wraig y glöwr di-waith? Dyma destun gweddus i Eisteddfod Genedlaethol. Canghellor y Trysorlys mewn cartref ar y dôl, a thyaid o blant bach i'w bwydo a'u dilladu! Nid oes ond Un a ŵyr ei thrybini nos a dydd, yn enwedig pan fo gwaeledd.

Dichon nad oedd llawer o wragedd y Rhondda yn rhannu'r un awydd i weld eu profiadau beunyddiol yn cael eu sentimentaleiddio a'u troi'n ffuglen boblogaidd. Gwell oedd ganddynt ymegnïo i wella eu sefyllfa. Yn y Rhondda, brwydrai to newydd o gynghorwyr benywaidd yn erbyn rhagfarnau'r aelodau gwrywaidd, tra ymladdai'r Henadur Rose Davies o Aberdâr frwydr ddewr dros fenywod y dref honno ar gynghorau sir a thref. Yr un oedd amcan Juliet Williams. Ers rhai blynyddoedd yr oedd wedi ymdrechu'n galed i geisio lleddfu rhywfaint ar ddioddefaint mamau de Cymru, gan arwain ymgyrch gyhoeddus bur lwyddiannus i dynnu sylw'r awdurdodau

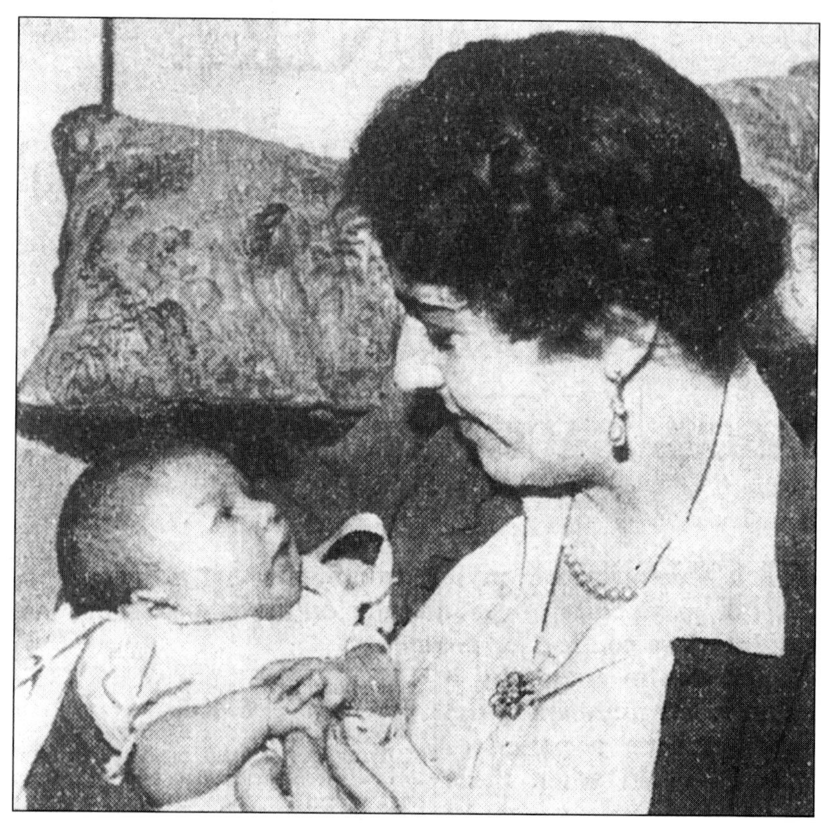

25 Llun o'r Arglwyddes Juliet Williams gyda'i phedwerydd plentyn, Marion, a aned 30 Rhagfyr 1937.

at eu sefyllfa. Gwraig o blith y dosbarth aristocrataidd oedd Juliet Williams, heb brofi na chaledi na phryderon beunyddiol y fam gyffredin. Eto i gyd, drwy gyfrwng ei gwaith elusengar, gwirfoddol a'i chysylltiadau â phwyllgorau seneddol dylanwadol, sicrhaodd fod problemau mamau'r De yn destun trafod cenedlaethol. Yn wir, erbyn 1937 yr oedd sefyllfa'r mamau yng Nghymru wedi derbyn sylw dyladwy mewn ymchwiliad manwl gan y Weinyddiaeth Iechyd. Er gwaethaf gwahaniaethau cymdeithasol a gwleidyddol y gwragedd hyn, yr oedd ganddynt un gadlef gyffredin, sef 'achub y mamau'. Ymgais i edrych yn fanylach ar eu hymdrechion i'r cyfeiriad hwn, drwy ddilyn profiadau mamau'r Cymoedd, a geir yn yr ysgrif hon.

I'r hanesydd sydd am geisio trafod unrhyw agwedd ar fywyd Cymru rhwng y ddau ryfel byd, anodd iawn yw osgoi unrhyw gyfeiriad at ddiweithdra, tlodi a dioddefaint. Y mae'r cof poblogaidd am fywyd y cyfnod wedi ei lwytho â delweddau mor drist a llwm fel ei bod yn anodd gwahaniaethu rhwng ffaith a ffuglen. Dadleua nifer o haneswyr mai dehongliad pur unochrog yw hwn am nad yw'n ystyried y gwelliannau cyffredinol a gafwyd yn safon byw mwyafrif y boblogaeth. Honnir nad oedd y tridegau yn ddegad mor llwm wedi'r cyfan, gan fod datblygiadau pwysig ym meysydd iechyd, tai a chyflogaeth wedi llonni bywydau rhai. Prin fod tueddiadau cyffredinol o'r fath wedi bod o unrhyw gysur, fodd bynnag, i'r rheini a drigai yng nghymunedau glofaol Cymru a Lloegr. Oherwydd, er gwaethaf pob datblygiad ym maes iechyd cyhoeddus, profwyd cynnydd sylweddol yn yr ardaloedd hyn yn nifer y mamau a oedd yn marw wrth roi genedigaeth. Rhwng 1924 a 1933 cododd nifer y marwolaethau 14.2% yn sir Forgannwg, a 42% yn sir Fynwy. Ym marn trigolion y siroedd hyn, yr oedd union achos y cynnydd hwn yn ddigon amlwg. Er 1921 yr oedd y cymunedau glofaol wedi dioddef dirwasgiad economaidd enbyd, ac yr oedd ymron pymtheng mlynedd o ddiweithdra a thlodi wedi cael effaith andwyol ar safonau iechyd. Ceisiodd swyddogion y llywodraeth wadu fod gan ddiffyg maeth unrhyw ran i'w chwarae yn y cynnydd hwn, a thynnwyd sylw at y ffaith fod mwy o famau yn marw yn ardaloedd breintiedig Llundain nag yn ardaloedd tlotaf yr East End. Ni ellir gwadu, fodd bynnag, na chafodd y dirwasgiad hwn effaith uniongyrchol ar safon iechyd mamau'r cyfnod. Yr oedd gwasgfa ariannol nid yn unig yn arwain at afiechyd a llesgedd corfforol, ond hefyd yn peri i rai mamau gymryd camau difrifol i reoli maint eu teuluoedd. Ac ni allai'r fam a oedd yn byw dan gysgod rheolau llym y Prawf Moddion a'r Byrddau Nawdd Cyhoeddus fforddio talu am wasanaeth meddygol a gweinyddol effeithlon yn ystod cyfnod ei beichiogrwydd. I'r perwyl hwnnw, rhaid derbyn mai tlodi materol a oedd wrth wraidd y cynnydd hwn yn nifer marwolaethau mamau Cymru.

Cyn i'r dirwasgiad economaidd hwn gael cyfle i effeithio ar fywydau'r boblogaeth, yr oedd sawl elfen obeithiol wedi codi ysbryd mamau a phlant. Ym 1918 pasiwyd dwy ddeddf bwysig yn y maes hwn. Yn gyntaf, deddf a osodai ganllawiau pendant gerbron awdurdodau lleol i ddarparu gofal iechyd i famau a phlant, a'r ail yn tynhau rheolaeth yr awdurdodau ar y gwragedd hynny a weithiai fel bydwragedd. Yr oedd pasio Deddf Lles Mamau a Phlant 1918 yn garreg filltir bwysig gan mai dyma'r ddeddfwriaeth gyntaf i gydnabod yr angen i warchod iechyd y fam, ochr yn ochr â'i phlentyn. Wrth fwrw golwg yn ôl i'r cyfnod hwnnw, teimlai Elizabeth Andrews o'r Rhondda fod nifer o awdurdodau lleol y De wedi gweithredu'n frwd o blaid y gwelliannau hyn. Fodd bynnag, pan awgrymwyd y dylai anghenion y mamau lleol gael eu cynrychioli gan fenywod ar y pwyllgorau lles, lleisiwyd cryn wrthwynebiad i'r argymhellion. Eto i gyd, gan mai lles y fam oedd lles y plentyn yn y pen draw, nid oedd yr un cynghorydd yn barod i rwystro gwaith da y pwyllgorau hyn. I raddau helaeth, felly, pwysleisio'r angen i ofalu am iechyd y plentyn yn hytrach na'r fam a wnaeth awdurdodau iechyd y cyfnod ac yn raddol iawn daethpwyd i dderbyn pwysigrwydd gofalu am iechyd y fam feichiog. Chwe blynedd wedi pasio Deddf 1918, dim ond awdurdodau Aberdâr a Merthyr Tudful a oedd wedi sefydlu clinigau ar gyfer y fam feichiog a rhaid oedd brwydro yn erbyn rhagfarn ac anwybodaeth mamau, cynghorwyr ac arbenigwyr meddygol fel ei gilydd. Adroddai Swyddog Iechyd Aberdâr ym 1924 nad oedd wedi cyfarfod un meddyg teulu a gefnogai'r clinigau mamolaeth hyn. Yr oedd y mwyafrif yn 'ddifater, tra bo rhai yn gwrthwynebu'n llwyr'. Mor ddiweddar â 1931 nododd Swyddog Iechyd y Rhondda mai ychydig iawn o famau beichiog yr ardal a oedd yn chwilio am unrhyw ofal a chyngor meddygol cyn rhoi genedigaeth. Buan y sylweddolwyd, fodd bynnag, fod lle arbennig i'r canolfannau hyn yng nghynlluniau iechyd pob awdurdod lleol. Fel y cydnabu Dr. D. Llewelyn-Williams, Caerdydd, ym 1930: 'Os am sicrhau iechyd dylid dechrau gyda'r baban, neu, os gellir, â'r fam cyn ei eni, oblegid dyma'r pryd y cychwyn ac y gwreiddir cryn lawer o anhwyldeb ac afiechyd.'

Yr oedd y gwelliannau a ddaeth i rym yn sgil pasio Deddf y Bydwragedd ym 1918 hefyd o bwys arbennig i famau'r Cymoedd. Ac er bod cryn amrywiaeth yn safon y gwasanaeth gweinyddol a dderbyniai mamau Cymru ar wely esgor, yr oedd y Ddeddf hon wedi ei gwneud yn anos i fydwragedd anghymwys barhau â'u galwedigaeth. Erbyn dechrau'r tridegau yr oedd mwyafrif bydwragedd Cymru wedi derbyn rhyw gymaint o hyfforddiant meddygol swyddogol. Fodd bynnag, yr oedd peth amryfusedd yn codi yn sgil y ffaith nad oedd pob bydwraig yn cael ei chyflogi yn uniongyrchol gan yr awdurdod lleol ac fe weithiai rhai i fudiadau gwirfoddol neu fel bydwragedd annibynnol. Yr oedd y tâl a gâi bydwragedd yn amrywio'n ddirfawr ac, yn naturiol ddigon, wrth i'r esgid wasgu fwyfwy, mynd ar ofyn y fydwraig rataf a wnâi mwyafrif mamau'r Cymoedd. Er bod y llywodraeth yn cynnig budd-dâl o ddwy bunt i famau a oedd mewn angen difrifol, nid oedd mwyafrif gwragedd y Cymoedd yn cael eu hystyried yn ddigon tlawd i dderbyn taliad o'r fath. Yr unig ateb i'r mamau hyn oedd ceisio sicrhau'r gwasanaeth rhataf, gan ddibynnu ar gymorth perthynas neu gydnabod i gynorthwyo'r fydwraig gyda'r enedigaeth. Petai angen galw am gymorth meddyg yn ystod yr enedigaeth, byddai'n rhaid talu ffî ychwanegol ac, fel y canfu adroddiad ymchwil 1937, yr oedd

26 Cartŵn a gyhoeddwyd yn *Maternity and Child Welfare,* Mehefin 1920, yn darlunio'r newid a fu yn statws a safon y fydwraig.

meddyg yn cael ei alw i lai nag 20% o'r holl enedigaethau yng Nghymru. Lleisiwyd cryn bryder ynglŷn â'r duedd i rai mamau barhau i ddibynnu ar gymorth y bydwragedd *bona fide* nad oeddynt wedi derbyn hyfforddiant meddygol swyddogol. Gwragedd oedrannus a chanddynt gryn brofiad yn eu maes oedd llawer o'r bydwragedd hyn, ond pryderai'r awdurdodau nad oeddynt yn ddigon gwybodus ynglŷn â'r dulliau cywir o archwilio a pharatoi'r fam ar gyfer yr enedigaeth. Yr oedd y bydwragedd annibynnol hefyd yn ddraenen yn ystlys yr arbenigwyr meddygol, a hynny oherwydd mai yn achlysurol y gweithredai nifer ohonynt, ac o ganlyniad yr oedd offer sawl un mewn cyflwr gwael neu yn ddiffygiol. Nid oedd gan y bydwragedd hyn arian mawr i'w wario ar ddiheintyddion drud, na gwisg a menig pwrpasol ac fe allai safonau glanweithdra fod yn arbennig o isel. Yn yr ardaloedd diwydiannol, arfer cyffredin oedd talu'r fydwraig gyda nwyddau cyffredin megis llond sach o lo. Wrth chwilio am resymau am y nifer gynyddol o farwolaethau, tueddai'r proffesiwn meddygol i feio diglemdod y fydwraig. Honnid mai 'meddlesome midwifery' ac anwybodaeth y fydwraig ynglŷn â safonau glendid a oedd wrth wraidd nifer o farwolaethau mamau'r Cymoedd. Yr oedd tuedd i anghofio nad oedd amgylchiadau byw nifer fawr o famau ychwaith o unrhyw gymorth yn y frwydr gyson yn erbyn haint ac afiechyd.

Er i awdurdodau lleol y De diwydiannol gyflawni gwaith arbennig trwy dalu cymhorthdal mamolaeth i nifer o ysbytai gwirfoddol lleol, yr oedd mwyafrif helaeth mamau sir Forgannwg yn geni eu babanod yn eu cartrefi eu hunain. Sicrhaodd cynghorau dinesig Maesteg ac Aberpennar wasanaeth dau ysbyty mamolaeth at ddefnydd mamau'r ardal, ond gan mai cyfanswm o ugain gwely yn unig a geid yn y ddau ysbyty hyn, afraid dweud mai lleiafrif bychan a dderbyniai ofal meddygol mewn sefydliadau o'r fath. Yn ôl un amcangyfrif ym 1935, 3% yn unig o famau'r Rhondda a oedd wedi geni eu babanod mewn ysbyty. Rhaid oedd i'r mwyafrif fodloni, felly, ar wasanaeth bydwraig yn eu cartrefi, waeth pa mor anaddas oedd yr amgylchiadau. Fel y nododd swyddog iechyd Canolfan

Feddygol y Coed-duon ac Oakdale ym 1921: 'Y mae'n amhosibl i'r fam ofalus barchu rheolau sylfaenol glanweithdra a gweddustra wrth fagu ei phlant pan fo pump neu chwech o'r un teulu yn rhannu un ystafell fyw ac un ystafell wely.' Gerbron cyfarfod o Gyngor Dinesig y Rhondda ym 1935, honnodd y Cynghorydd Eliza Williams fod nifer o famau'r cylch yn gorfod geni eu plant dan amodau hollol anffafriol. Gwyddai am un achos diweddar lle'r oedd teulu cyfan yn byw mewn un ystafell, ac nad oedd dewis gan y fam feichiog ond mynd i'w gwely esgor yng nghanol yr ystafell honno. Yn wir, yn ôl Cadeirydd Cyngor Dinesig y Rhondda, Annie Price, un o 'anghenion brys yr ardal' y flwyddyn honno oedd ysbyty mamolaeth.

Yr oedd natur dyletswyddau a chyfrifoldebau gwraig y glöwr ar yr aelwyd hefyd yn peri pryder. Datblygu'n araf o'r tridegau cynnar ymlaen a wnaeth y ddarpariaeth ar gyfer baddondai glowyr maes glo'r De, a chyn eu dyfodiad, cyfrifoldeb gwraig y glöwr oedd cario dŵr ar gyfer y bath o flaen y tân ar ddiwedd bob shifft. Ni ddaeth y gwaith o olchi dillad trymion, llychlyd i ben am rai blynyddoedd, ac ymladdai'r wraig frwydr ddyddiol yn erbyn yr huddygl a'r baw a gariai ei gŵr o'r pyllau. Dengys ystadegau'r Cofrestrydd Cyffredinol mai gwragedd y gweithwyr a gyflawnai waith trwm, corfforol a ddioddefai waethaf o ganlyniad i'w profiadau ar wely esgor. O'r 3,417 o wragedd a gollodd eu bywydau rhwng 1930 a 1932, yr oedd ymron eu hanner yn wragedd i dorwyr a charwyr glo, a labrwyr di-grefft. Heb os, yr oedd amodau byw a chyfrifoldebau trwm beunyddiol y gwragedd hyn yn cael effaith uniongyrchol ar safon eu hiechyd. Ym 1936 dangosodd astudiaeth gan Gyd-Gyngor y Bydwragedd fod cyfradd marwolaethau ymysg mamau ym mhum sir glofaol Prydain rhwng 1928 a 1934 41.5% yn uwch na'r gyfradd yn siroedd Middlesex ac Essex.

Wrth sylwi ar union nifer y rhai a gollodd eu bywydau o ganlyniad i'w hamgylchiadau, rhaid cydnabod mai amcangyfrifon yn unig yw'r rhifau sydd ar gael. Y mae hynny'n bennaf oherwydd cymhlethdod y dull o gofrestru marwolaethau mamau, ond rhaid nodi hefyd mai tasg anodd yw penderfynu ai marw yn uniongyrchol o ganlyniad i'r profiad o roi genedigaeth a wnâi'r fam neu oherwydd ei bod yn dioddef o ryw afiechyd arall. Hyd at 1927 yr oedd y gyfradd farwolaethau, neu'r *maternal mortality rate*, yn mesur y nifer o famau a fu farw i bob mil genedigaeth byw. Wedi 1927 fe'u mesurid yn ôl pob mil genedigaeth, boed y plentyn yn fyw neu'n farwanedig. Cyfeirid at farwolaethau pob mam a fu farw wrth roi genedigaeth fel *maternal mortality*, ond yr oedd modd rhannu'r marwolaethau hynny yn ddwy adran. Yn gyntaf, y marwolaethau hynny a ddigwyddodd o ganlyniad i haint neu wenwyn (*puerperal*), ac yn ail, y marwolaethau hynny a achoswyd gan ddamweiniau neu broblemau 'technegol' yn ystod yr enedigaeth. Rhwng 1928 a 1935, fel y dengys y ffigurau isod, yr oedd cyfradd marwolaethau'r mamau yng Nghymru yn gyson uwch na'r gyfradd yng Nghymru a Lloegr:

Blwyddyn	Cymru (*i bob 1,000 o enedigaethau)*	Cymru a Lloegr *(i bob 1,000 o enedigaethau)*
1928	5.79	4.25
1929	5.58	4.16
1930	5.30	4.22
1931	5.13	3.94
1932	5.91	4.04
1933	5.75	4.32
1934	6.61	4.41
1935	5.89	3.93

Er nad yw'r gwahaniaeth rhwng cyfraddau'r ddwy wlad yn ymddangos yn sylweddol, dylid nodi nad yw cyfartaleddau cenedlaethol yn llwyddo i ddatgelu graddfa'r broblem ar lefel leol. Yn siroedd Morgannwg a Mynwy yr oedd cyfartaledd o dros ugain o famau yn marw bob blwyddyn rhwng 1924 a 1933, ac yr oedd codiad cyffredinol yng ngraddfa'r ddwy sir yn cyferbynnu â'r gostyngiad a fu yng ngweddill siroedd

Cymru a Lloegr. Erbyn dechrau'r tridegau daeth yn amlwg fod problem ddifrifol yn wynebu'r ardaloedd diwydiannol, ac erbyn 1934 yr oedd y cyfraddau yno ymron ddwywaith gymaint â'r gyfradd genedlaethol. Yn ystod y flwyddyn honno cofnodwyd cyfradd o 10.7 marwolaeth i bob mil genedigaeth yng nghymoedd Ogwr a Garw, tra oedd y gyfradd yn y Rhondda mor uchel â 11.99 marwolaeth i bob mil genedigaeth.

Yn ardaloedd diwydiannol de Cymru, yr oedd mwyafrif y mamau yn marw o ganlyniad i afiechydon neu heintiau a oedd wedi gwenwyno'r gwaed. Yn wir, rhwng 1929 a 1933, pan gofnodwyd cynnydd sylweddol yn nifer y rhai a fu farw o achosion *puerperal* o'r fath, yr oedd cyfradd y marwolaethau yn ardaloedd dirwasgedig de Cymru 54.8% yn uwch na'r gyfradd yn Lloegr. Dirywiad poenus a chymharol araf a brofai'r gwragedd anffodus hyn ac yr oedd marwolaeth bron yn anochel. Nid oes angen dychymyg byw i arogli a chlywed dioddefaint y gwragedd a ddioddefai o'r fath salwch yn nisgrifiad ysgytiol yr awdur Gwyn Jones:

> Everything was still and feeble. Most of the women were suffering some one or other of the penalties of childbearing. All were very ill. The ward was too small. Whenever a new case was brought in, vomiting and groaning after the anaesthetic, every woman there felt sick and horrified; but they had to bear it.

Ar wahân i ddiffyg glanweithdra'r meddyg a'r fydwraig, un o brif achosion y salwch hwn oedd ymgais y ferch i beri erthyliad. Byddai mam a âi'n sâl ar ôl gweithred o'r fath yn aml yn ceisio cuddio'r ffaith honno, a heb ofal meddygol priodol rhoddid rhwydd hynt i haint ac afiechyd afael yn y claf. Yr oedd eraill, drwy ddefnyddio teclynnau megis gweill neu nodwyddau crosio i beri erthyliad, yn medru achosi gwaedlif difrifol a hawdd oedd trosglwyddo afiechydon angheuol i weddill y corff. Anodd iawn yw amcangyfrif faint yn union o erthyliadau troseddol a oedd yn digwydd mewn gwirionedd, gan mai'r unig achosion a ddeuai i sylw'r awdurdodau oedd y rhai a achosai niwed difrifol neu farwolaeth y fam. Ymhellach, nid oedd marwolaethau a achosid gan weithredoedd o'r fath bob amser yn cael eu cyfrif yng nghyfradd marwolaethau'r mamau gan y bernid bod y merched hynny wedi marw o ganlyniad i drais. Yn ôl amcangyfrif comisiwn seneddol a sefydlwyd i ymchwilio i'r mater ar ddiwedd y tridegau, yr oedd o leiaf 90,000 o erthyliadau anghyfreithlon yn digwydd yn ddyddiol ym Mhrydain. Amcangyfrifodd ymchwilwyr y Weinyddiaeth Iechyd ym 1937 fod rhwng 14% a 25% o bob beichiogrwydd yng Nghymru yn cael ei derfynu drwy ymgais i erthylu'r baban. Yr oedd lle i gredu hefyd fod erthyliadau yn llawer mwy cyffredin yn yr ardaloedd diwydiannol. Rhwng 1924 a 1933 cofnodwyd bod 58 o'r 60 mam a fu farw yng Nghymru o ganlyniad i erthyliadau anghyfreithlon yn byw yn ardaloedd poblog de Cymru. Awgryma tystiolaeth lafar a hunangofiannol fod gwybodaeth ynglŷn â'r dulliau o waredu baban drwy erthyliad yn cael ei throsglwyddo drwy gyfrwng rhwydweithiau cymdeithasol clòs y gwragedd a drigai yn y cymunedau glofaol. Ymhellach, ymddengys nad oedd nifer o famau yn ystyried y dull hwn o reoli maint eu teuluoedd yn anghyfreithlon. Yr oedd erthylu yn ddull effeithlon, rhad a chyfrinachol, ac nid oedd raid dibynnu ar gydweithrediad cymar i'w weithredu. Yr oedd Juliet Williams o'r farn fod erthyliadau anghyfreithlon yn cyfrif am farwolaethau oddeutu 35% o'r mamau a fu farw yn y Rhondda rhwng 1935 a 1936. Yn ei barn hi, hwn oedd y 'quickest form of racial suicide'. Dengys tystiolaeth swyddogion meddygol y De fod cryn sail i honiad Juliet Williams. Yn ôl Swyddog Iechyd Aberdâr, yr oedd nifer o famau wedi marw yn ystod 1925 o ganlyniad i'w hymgais i beri erthyliadau. Yn y Rhondda ym 1931 nodwyd bod 12 gwraig allan o'r 30 a ddioddefai o salwch *puerperal* wedi cael eu heintio ar ôl erthyliadau. Hyd yn oed pe na bai'r fam yn llwyddo yn ei hymgais i erthylu ei baban, yr oedd bywyd y baban hwnnw wedi ei beryglu. Yn ei adroddiad blynyddol ym 1931, ychwanegodd Swyddog Iechyd y Rhondda mai ymgais aflwyddiannus i erthylu eu babanod a oedd i gyfrif am y cynnydd yn nifer y genedigaethau marw-anedig.

Yng ngholofnau'r papurau lleol, gellir darllen adroddiadau maith am hanes y gwragedd hynny a dalodd y pris eithaf ar ôl cyflawni erthyliadau. Straeon trist a dwys iawn am wragedd priod yw'r mwyafrif ohonynt ac mae'n amlwg fod mamau tlawd wedi penderfynu na allent gario'r baich o eni plentyn ychwanegol. Ym 1935 cafwyd hyd i gorff gwraig i löwr o Gwmaman yn farw yn nhŷ ei chymdoges. Gwyddai ei gŵr ei bod yn poeni ynglŷn â'i beichiogrwydd; yr oedd ganddi eisoes ddau o blant ac nid oedd am eni mwy. Problemau economaidd yn amlach na pheidio a oedd wrth wraidd penderfyniadau y mamau hyn i erthylu eu plant. Fel y dywedodd D. Rocyn Jones, Prif Swyddog Iechyd sir Fynwy, ym 1939:

> Under-nourishment has a bad influence on the maternal death-rate, directly because the woman's resistance is low, and indirectly because these harrassed poverty-stricken women resort to the use of abortificients which frequently give rise to severe haemorrhage and sepsis.

Cefnogir ei honiad gan adroddiadau amryw o swyddogion iechyd eraill, megis eiddo Dr. R. Llewelyn Williams o Aberpennar. Nododd ef ym 1935 fod nifer o wragedd beichiog yr ardal yn ceisio erthyliadau am y rheswm syml na allent fforddio cael plant. Yn ôl Juliet Williams, ni ddylid synnu bod cynifer o famau priod yn cael eu gyrru i'r fath eithafion:

> While thousands of married mothers had less than 4s a week for food, could it be wondered at if a few of them preferred to face the horrors of illegal abortion rather than continue the unequal struggle to survive, burdened by another child to maintain.

Nid oedd unrhyw ddarpariaeth swyddogol ar gael i famau'r Cymoedd dderbyn cyngor a chymorth yn lleol ynglŷn â dulliau atalcenhedlu. Ond yn sgil y cynnydd sylweddol yn nifer yr erthyliadau anghyfreithlon, rhoddwyd pwysau ar yr awdurdodau i weithredu ar fyrder. Honnai'r rhai a ymgyrchai o blaid canolfannau cynghori o'r fath mai hon oedd y ffordd orau i godi'r dosbarth gweithiol o'u tlodi enbyd. Yr oedd nifer o swyddogion iechyd y De yn gefnogol iawn i alwadau o'r fath. Barnai Swyddog Iechyd Caerdydd mai dyna'r unig ffordd i atal yr holl lawdriniaethau anghyfreithlon. Yr oedd yntau, erbyn 1932, wedi gweld gormod o famau yn marw neu yn dioddef niwed corfforol parhaol yn sgil gweithredoedd anghyfreithlon, ac erfyniai ar aelodau Cyngor Caerdydd i ddarparu cyngor a chymorth i famau ynglŷn â dulliau diogel o reoli maint eu teuluoedd.

Unwaith yn rhagor, wynebai ymgyrchwyr o'r fath gryn ragfarn wrth geisio cyflwyno eu syniadau gerbron aelodau gwrywaidd cynghorau ac awdurdodau lleol. Er i Swyddog Iechyd y Rhondda argymell mor gynnar â 1920 y dylid cynnig gwasanaeth cynghori ar ddulliau atalcenhedlu cyfreithlon, nid oedd aelodau'r Cyngor Dinesig o'r un farn. Yn wir, pan ddaeth y mater ger eu bron sawl tro yn ystod y dauddegau fe drechwyd pob cynnig o blaid sefydlu clinig atalcenhedlu. Mewn cyfarfod o'r cyngor a gynhaliwyd ym 1926, honnwyd na ellid cefnogi syniad mor 'anfoesol ac anghrefyddol'. Yr oedd un o brif wrthwynebwyr y gwasanaeth, sef Dr. W. E. Thomas, meddyg teulu o'r Rhondda, yn uchel iawn ei gloch yn y cyfarfod hwnnw. Rai misoedd yn ddiweddarach, ac yntau'n eistedd ar Bwyllgor Iechyd Cyhoeddus, Cyngor Sir Morgannwg, cafodd gyfle ychwanegol i leisio ei farn ar y pwnc. Honnodd y byddai caniatáu darpariaeth o'r fath yn sicr o andwyo iechyd y mamau. Ceisiodd yr Henadur Rose Davies o Aberdâr ddarbwyllo'r pwyllgor fod iechyd y mamau eisoes yn dioddef oherwydd diffyg clinigau atalcenhedlu. Yr oedd mamau Aberdâr wedi dangos yn glir mewn cyfarfod yn y dref yn gynharach y flwyddyn honno eu bod hwy yn gweld angen mawr am ganolfan o'r fath. Ni allai Dr. W. E. Thomas gytuno ac yn y pen draw bu'n rhaid i ferched Aberdâr aros am bum mlynedd eto cyn cael eu dymuniad ym 1931.

Yr oedd y gwrthdaro hwn rhwng anghenion y mamau a rhagfarnau'r gwrywod a'u cynrychiolai yn nodwedd gyffredin yn y cyfnod hwnnw. Dynion yn amlach na pheidio a wnâi'r penderfyniadau pwysig ar bwyllgorau iechyd a thai, er nad oeddynt bob amser yn gymwys i farnu ar faterion o'r fath. Yn raddol, fodd bynnag, yr oedd nifer gynyddol o ferched yn cael eu hethol i'r pwyllgorau lleol hyn. Yr oedd gwragedd fel Elizabeth Andrews o'r Rhondda a Rose Davies, Aberdâr, wedi bod yn ffigurau blaenllaw ar awdurdodau lleol eu hardaloedd er y dauddegau cynnar. Degad yn ddiweddarach, yr oedd degau yn fwy wedi ymuno â hwy a dichon y gellir priodoli rhai o lwyddiannau'r cyfnod hwnnw i'r ffaith fod nifer gynyddol o ferched bellach yn llunio polisïau a deddfwriaethau ym maes iechyd a thai. Etholwyd y Cynghorydd Eliza Williams yn Gadeirydd benywaidd cyntaf Cyngor Dinesig y Rhondda ym 1932-3. Yna, ym 1934, etholwyd y Cynghorydd Annie Price yn olynydd iddi. Fodd bynnag, yr oedd y frwydr ymhell o fod wedi ei hennill. Mewn cynhadledd arbennig a drefnwyd ym 1935 i drafod yr angen i sefydlu ysbyty mamolaeth yn ardal Pontypridd, cynrychiolwyr gwrywaidd yn unig o gynghorau Pontypridd, y Rhondda, Aberpennar, Aberdâr, Llantrisant a Llanilltud Faerdre a alwyd ynghyd. Yn ôl Eliza Williams, yr oedd trefnwyr y cyfarfod wedi 'sarhau' gwragedd y Rhondda.

Erbyn dechrau'r tridegau, yn wyneb yr holl bwysau a roddwyd ar y llywodraeth i weithredu ar fyrder i 'achub y mamau', enillwyd yr hawl i ganiatáu i awdurdodau iechyd lleol gynnig cyngor ar ddulliau atalcenhedlu i'r gwragedd priod hynny a ystyrid yn rhy wael i wrthsefyll beichiogrwydd arall. Fodd bynnag, gan nad oedd unrhyw orfodaeth ar awdurdodau lleol i weithredu, ychydig iawn ohonynt a aeth ati i'w sefydlu. Mudiad gwirfoddol, elusengar o Lundain a aeth ati i sefydlu'r ganolfan gynghori a agorwyd ym Mhontypridd ym 1930. A bu raid aros tan 1935 cyn agor canolfan i wragedd priod gwael eu hiechyd yn y Rhondda. Ar y llaw arall, yr oedd cryn frwdfrydedd erbyn y cyfnod hwnnw o blaid y canolfannau mamolaeth a gynghorai'r mamau beichiog. Erbyn 1934 yr oedd 78 canolfan cyffelyb yn siroedd Morgannwg a Mynwy. Yr oedd cyfraniad allweddol y

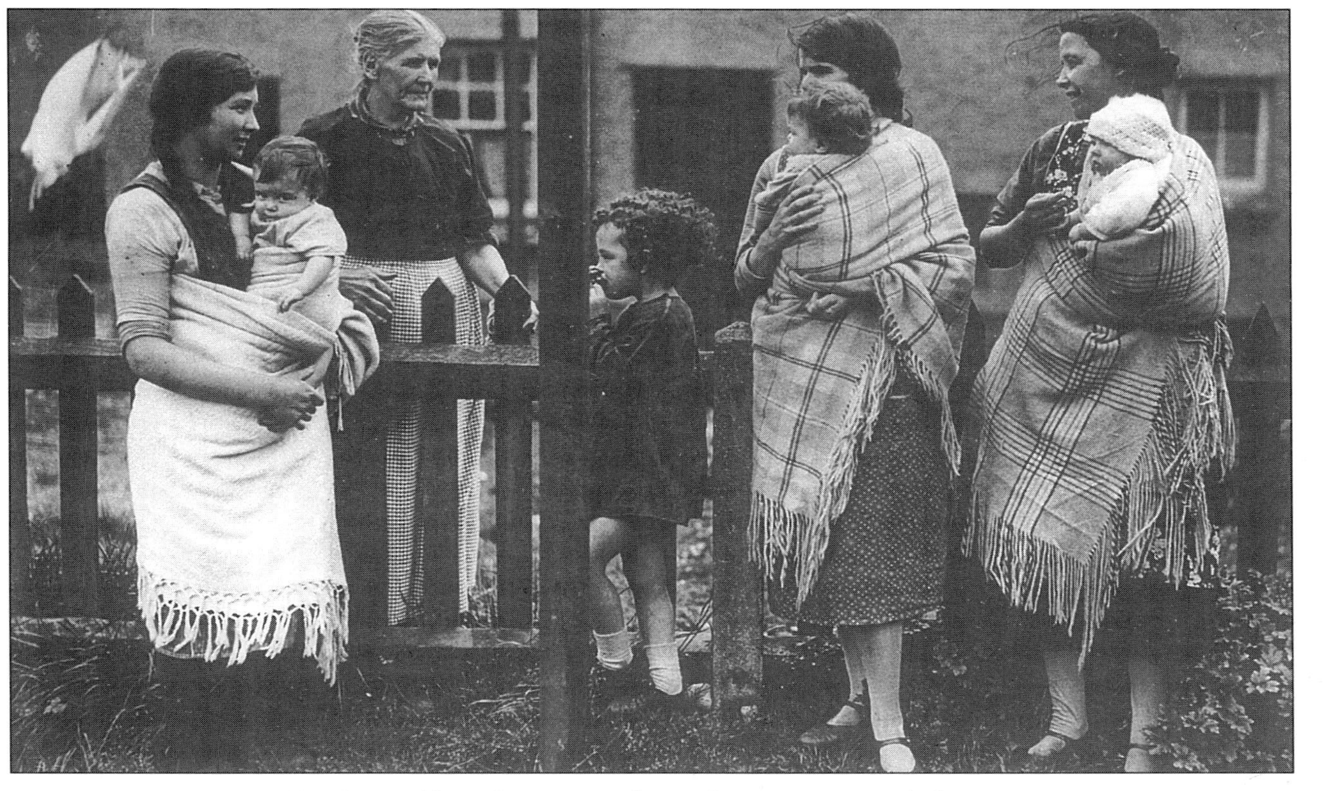

27 Gwragedd a'u plant yn Ystradmynach, Morgannwg, Mehefin 1931.

canolfannau hyn i addysg ac iechyd y fam bellach wedi ei gydnabod. Ym 1939, wrth fwrw golwg yn ôl ar y gwaith a gyflawnwyd gan y sefydliadau hyn, honnodd D. Rocyn Jones iddynt brofi'n fendith i famau Cymru:

> We definitely declare that many an expectant mother would have been in her grave to-day but for the attention and advice given her at these ante-natal centres. These centres have been a godsend to the motherhood of this country, and particularly in areas where obstetric practice is slip-shod, and sometimes incompetent.

Wrth fesur llwyddiant canolfannau o'r fath, cyfeiriai sylwebyddion meddygol at y gwaith amhrisiadwy a wnaed ganddynt, nid yn unig ar ran y mamau, ond hefyd er lles eu plant. Yn ystod cyfnod o bryder cyffredinol ynglŷn â'r cwymp syfrdanol yng nghyfradd genedigaethau yng Nghymru a Lloegr, yr oedd rhai o'r farn mai'r ffordd orau i wrthdroi'r duedd honno oedd peri bod mamolaeth yn brofiad mwy deniadol. Meddai Dr. D. Llywelyn-Williams, Caerdydd, ym 1930:

> Ni all yr un werin na chenedl fforddio esgeuluso elfennau cyntaf iechyd, os ydyw am lwyddo fel cenedl, a chymryd lle anrhydeddus ymysg cenhedloedd y byd . . . Y mae'n hen bryd inni fel cenedl symud ymaith y gwarth hwn, ac ni ddylem oddef colli mamau Cymru mewn amser mor bwysig yn eu hanes.

Yn y bôn, cymhellion o'r fath a oedd wrth wraidd gweithgarwch Juliet Williams dros famau'r cymoedd diwydiannol. Ni fu Juliet Williams yn or-gefnogol i'r ymgyrch i ddarparu gwybodaeth am ddulliau atalcenhedlu ymysg mamau'r Cymoedd. Yn wir, ei phennaf amcan wrth ymgyrchu mor frwd o blaid codi eu safonau byw oedd eu gweld yn llwyddo i fagu tyaid o blant iach a heini. Yr oedd cyfradd genedigaethau sir Forgannwg wedi ei haneru yn ystod y pymtheng mlynedd er dechrau'r Rhyfel Mawr, a'r allfudo a ddaeth yn sgil y dirwasgiad wedi sugno'r mamau ifainc ac epilgar i ffwrdd. Poenai eraill y gallai'r holl sylw a roddid i ddioddefaint mamau'r ardaloedd hyn godi ofn ar nifer o ferched ifainc. Yn ôl y Gymdeithas Feddygol Brydeinig, yr oedd y straeon arswydus a gyhoeddid yn y wasg wedi peri gofid mawr i famau beichiog, gan ychwanegu at eu pryderon ar adeg bwysig yn eu bywydau. Ceisiodd rhai, gan gynnwys aelodau o'r proffesiwn meddygol, ddadlau nad oedd y sefyllfa yn teilyngu'r fath sylw, gan mai niferoedd bychain o famau a gollasai eu bywydau ar wely esgor. Ym marn ysgrifenyddes un o gymdeithasau nyrsio de Cymru, yr oedd mudiadau gwleidyddol wedi codi bwganod drwy orliwio'r sefyllfa. Yn wyneb y fath gyhoeddusrwydd gwael, pryderai na fyddai llawer o ferched ifainc Cymru am fentro magu plant:

> What with birth-control propaganda, the dissemination of 'informative' literature, our falling birth-rate, and what I have heard some medical men describe as 'this bogey of maternal mortality', we shall soon be forced to emulate our neighbours across the Channel and give a bonus for every baby born.

Er gwaethaf sylwadau o'r fath, yr oedd swmp o dystiolaeth meddygol a chymdeithasol yn tystio i'r ffaith fod cyfran helaeth o famau'r cymoedd diwydiannol yn dioddef yn enbyd yn sgil eu profiadau anodd wrth eni plant. Awgrymodd un o ymchwilwyr y Pilgrim Trust ym 1937 fod cynifer â 3,200 o famau Cymru wedi marw o ganlyniad uniongyrchol i'r dirwasgiad. Heb os, cawsai pymtheng mlynedd o dlodi enbyd effaith ddifrifol ar gyflwr corfforol nifer fawr ohonynt. Pwysleisiodd D. Rocyn Jones, Prif Swyddog Iechyd sir Fynwy, hynny ym 1935: 'Y mae nifer o ffactorau ar waith, yn arbennig yn ne Cymru lle mae'r tlodi blin yn deillio'n uniongyrchol o ddiweithdra. Y mae byw mewn tlodi yn rhwym o ostwng safon iechyd y fam a'i gwneud yn llai abl i wrthsefyll afiechyd.' Cydnabu swyddogion y Bwrdd Iechyd ym 1929 fod nifer o famau'r maes glo mewn gwendid difrifol: 'there could be no question that in some areas women, especially the mothers of young children, suffer to an unusual extent from languor and anaemia.' Yn ei gyhoeddiad, *The Distress in South Wales: Health of Mothers and Babies Imperilled* (1928), honnodd pwyllgor ymchwil y Blaid Lafur fod bywyd mamau a'u plant yn y fantol oherwydd cyni materol. Canfu gohebydd cylchgrawn *The Spectator* dystiolaeth a gadarnhaodd y farn honno pan aeth ar ymweliad i'r Maerdy yn y Rhondda Fach ym 1928. Lleisiodd apêl ddirdynnol un wraig leol:

> Have you some baby clothes you could send us? The nurse took her underskirt off last week to wrap round a baby, as there wasn't a rag to put on the child when it was born.

Afraid dweud mai babanod pur wael eu hiechyd a aned i famau a oedd mor brin eu hadnoddau. Nid pob mam a lwyddai i fagu ei baban ar ôl ei eni, fel y dangosodd astudiaeth gan feddyg o Gaerdydd ym 1935. Canfu Dr. A. G. Watkins nad oedd mwyafrif mamau'r Rhondda yn magu eu babanod ar y fron ac fe'u beirniadwyd yn hallt am eu gorddibyniaeth ar y llaeth tun a phowdr a gaent yn rhad o'r canolfannau iechyd. Nid awgrymodd y gallai iechyd gwael y fam fod yn ffactor arwyddocaol yn y cyswllt hwn. Y gwir oedd na fedrai nifer o famau fwydo eu babanod ar y fron oherwydd eu bod yn dioddef o ddiffyg maeth ac o ganlyniad yn rhy wan i wneud hynny. Cadarnhawyd hynny gan Swyddogion Iechyd Maesteg, Aberpennar, Caerffili, Y Faenor a Phenderyn rhwng 1935 a 1938. Methai nifer fawr o famau gario eu babanod am gyfnod llawn o naw mis ac yr oedd genedigaethau cyn-amserol yn gyffredin iawn. Yr oedd tuedd gynyddol hefyd i famau esgor ar fabanod marwanedig, ond gan nad oedd yn rhaid cofrestru genedigaethau o'r fath tan 1927, nid oes modd edrych yn fanwl ar batrwm hir-dymor y

28 Llun trawiadol gan James Jarché o löwr a'i blant yn Ystradmynach, 1931.

genedigaethau hyn. Gwyddys bod nifer y marwanedig a gofrestrwyd yng Nghymru rhwng 1928 a 1933 38% yn uwch na'r nifer yn Lloegr. Yn ardal ddinesig Ogwr a Garw ym 1931 cofnodwyd 34 achos, sef cyfradd o 74 i bob mil o enedigaethau. Nododd y Swyddog Iechyd fanylion rhai o'r achosion hynny, gan dynnu sylw arbennig at gyflwr iechyd gwael y mamau a'u hesgorodd. Yr oedd un o'r mamau hynny wedi dioddef yn ddifrifol o'r ffliw cyn rhoi genedigaeth i'w hunfed plentyn ar ddeg. Yr oedd eisoes wedi geni tri baban marwanedig ac wedi colli plentyn arall yn chwe mis oed.

Yr oedd gan nifer o famau ifainc yr ardal brofiad oes o ddioddef dan gysgod tlodi enbyd a daeth creithiau'r gorffennol yn broblemau byw i rai ohonynt wrth wynebu'r profiad o fagu eu plant eu hunain. Os oeddynt wedi dioddef o'r llechau, neu *rickets*, pan oeddynt yn blant, yr oeddynt yn debygol o brofi trafferthion enbyd wrth roi genedigaeth oherwydd fod yr afiechyd hwnnw yn effeithio ar dyfiant asgwrn y pelfis. Amcangyfrifodd un llawfeddyg ym 1931 fod o leiaf 60,000, neu 10%, o famau Cymru a Lloegr yn derbyn anafiadau corfforol difrifol ar wely esgor bob blwyddyn, a hynny'n bennaf oherwydd safon gwael eu hiechyd yn gyffredinol. Heb os, yr oedd profiadau nifer o famau'r Cymoedd o feichiogi yn aml yn arwain at straen difrifol. Ychwanegwyd at y baich hwnnw gan bwysau eu dyletswyddau ar yr aelwyd. Casglodd Margery Spring Rice dystiolaeth am gyflwr iechyd gwragedd cyffredin o bob rhan o Brydain a chyhoeddwyd ei harolwg ym 1939. Canfu achos truenus yn ne Cymru o ddioddefaint gwraig briod ifanc a oedd wedi esgor ar bump o blant mewn pum mlynedd:

> Mrs. Y. of S. Wales has five children of whom the eldest is 4½. As her only difficulty she says, 'I have had children too quickly after each other and with young children they take up all my time. Am unable to breastfeed'. The Health Visitor says 'Mrs. Y. looks in very poor condition, she says she always feels tired and disinclined to do anything. I think she was probably

> anaemic before marriage and five pregnancies in five years have drained her vitality'.

Awgrymodd nifer o sylwebyddion mai'r fam yn anad neb arall a gariai'r beichiau corfforol a meddyliol mwyaf yn ystod cyfnod o ddirwasgiad. Yn ôl arolwg manwl y Pilgrim Trust, *Men Without Work* (1938), yr oedd nifer o famau yn byw ar eu cythlwng er mwyn sicrhau nad âi eu plant a'u gwŷr yn brin. Greddf naturiol pob mam oedd gwarchod ei phlant, meddid, ac fe ganfu ymchwilwyr y Pilgrim Trust dystiolaeth drawiadol o hynny yn ne Cymru:

> Even in the worst households, the instinct to shield the children often remains. Thus there was one in South Wales, a collier aged 51, his wife aged 37 and a small boy of 3. The record notes that the house was 'a picture of extreme neglect. Poor furniture; from what she tells me she makes some efforts to keep a decent home, but her husband and brother come in drunk and she is ill and cannot stop them. She looks like death—a very poor physical and social type, and only two teeth, yellowish face, rags of clothing. In contrast to her the child looks well and is neatly clothed'.

Dengys adroddiadau'r swyddogion meddygol lleol fod aberth y mamau yn cael effaith ddifrifol ar safon eu hiechyd. Pan agorwyd drysau'r ganolfan atalcenhedlu yn y Rhondda ym 1935, daeth hynny i'r amlwg ar unwaith. Allan o'r 183 a dderbyniodd driniaeth yno yn ystod y flwyddyn gyntaf, yr oedd 47 yn dioddef o anaemia difrifol, 26 o lesgedd difrifol, 23 o afiechyd y galon, 22 o lid yr arennau, 22 yn wael eu hiechyd oherwydd y straen o feichiogi yn aml, 13 a chanddynt broblemau obstetrig, ac 11 yn dioddef o'r dicáu. Yr oedd ymchwilwyr y Weinyddiaeth Iechyd, yn eu harolwg ar gyfer adroddiad a gyhoeddwyd ganddynt ym 1937, wedi casglu tystiolaeth gyffelyb wrth archwilio nifer o famau a fynychai glinigau a chanolfannau lles y De. Allan o'r 665 o famau ifainc a

29 Dengys y cartŵn, 'Never Mother's Turn', mai gofalu am les y plant a gâi'r flaenoriaeth.

welwyd mewn 17 canolfan les yn ne Cymru, yr oedd 30% ohonynt mewn cyflwr corfforol difrifol o wael: 'This condition was manifest in a general listlessness, in apathy, by an appearance of age beyond the actual years, occasionally by some degree of emaciation, but more especially by anaemia, which in some cases was severe.'

Yr oedd anaemia, cyflwr a achosid gan ddiffyg haearn yn eu hymborth, yn salwch cyffredin ymhlith mamau o bob oed. Ac wrth fwrw golwg ar arferion bwyta nifer o deuluoedd cyffredin y Cymoedd, nid yw'r ffaith honno yn peri unrhyw syndod. Dangosodd ymchwil y Bwrdd Iechyd ym 1930 nad oedd teuluoedd di-waith yn llwyddo i fwyta nemor ddim cig, ffrwythau, llysiau gwyrdd na llaeth ffres. Yr oedd y mwyafrif yn rhygnu byw ar fara gwyn, menyn neu fargarîn, tatws, siwgr a jam. Cadarnhaodd astudiaeth o wariant teuluoedd yn y Rhondda rhwng 1934 a 1936 mai preswylwyr y cartrefi tlotaf a oedd yn bwyta'r bwydydd lleiaf maethlon, gan ddibynnu ar fara gwyn a grawnfwydydd rhad i'w digoni. Yr oedd ymborth o'r fath yn hollol anaddas ar gyfer anghenion y fam feichiog a'r fam fagu. Fel y nododd ymchwilwyr y Bwrdd Iechyd ym 1930, yr oedd byw ar fwydydd o'r fath am gyfnod maith yn sicr o effeithio yn andwyol ar safonau iechyd yn gyffredinol. Pwysleisiai rhai swyddogion iechyd fod angen addysgu'r bobl y gellid bwyta bwydydd rhatach ac iachach megis ffa neu bysgod. Âi rhai beirniaid gam ymhellach drwy honni nad oedd rhai o blith y dosbarth tlotaf yn ddigon darbodus â'u harian prin. Honnodd golygydd y *Western Mail* ym 1935 fod sawl carfan wleidyddol wedi gorliwio difrifoldeb y sefyllfa yn yr ardaloedd dirwasgedig a dyfynnwyd ffrwyth ymchwil cyfredol Dr. A. G. Watkins i gadarnhau'r pwynt. Barnai Dr. A. G. Watkins fod 'mamau'r Rhondda yn wastraffus tu hwnt', oherwydd eu gorddibyniaeth ar laeth artiffisial; yr oedd hyn yn brawf pendant, yn ôl y *Western Mail*, mai 'anwybodaeth' ac nid tlodi a oedd wrth wraidd eu problemau iechyd. Pan ystyriwn gyllidebau wythnosol nifer o'r teuluoedd tlawd hynny, anodd derbyn eu bod mewn sefyllfa i wario'n afradus. Cyfrifoldeb y wraig oedd gofalu am gyfrifon y teulu ac arni hi y syrthiai'r baich o fwydo a dilladu ei theulu ar gyllideb isel. Dengys tystiolaeth a gasglwyd gan Fudiad Cenedlaethol y Gweithwyr Di-waith ym 1937 mai ychydig sylltau yn unig a oedd gan nifer o wragedd i'w gwario ar fwyd a dillad. Yn achos gwraig briod o Bont-y-pŵl a chanddi ŵr a saith o blant i'w bwydo, nid oedd ei hincwm wythnosol o ddwy bunt a saith swllt yn ymestyn ymhell. Yn Aberdâr, ymdrechai teulu o chwech i fyw ar fudd-dâl wythnosol o 38 swllt ac ar ôl tynnu'r taliadau wythnosol am rent a thanwydd o'r cyfanswm hwnnw, punt a phum swllt yn unig a oedd yn weddill.

Yn wyneb y fath gorff o dystiolaeth sy'n profi'n ddiamheuol fod tlodi wrth wraidd gwaeledd corfforol cynifer o ferched a gwragedd y De, anodd yw deall sut y medrai rhai barhau i ddadlau nad diffyg maeth a oedd yn bennaf cyfrifol am y cyflwr hwnnw. Er gwaethaf eu hymchwil manwl i ganfod achos marwolaethau mamau yng Nghymru, ni allai ymchwilwyr y Weinyddiaeth Iechyd gytuno mai dyma oedd achos sylfaenol eu dioddefaint:

> The investigations made in the course of this inquiry have furnished ground for the belief that there has been an increase in sickness and ill-health among the mothers in the industrial areas of South Wales. The influence exerted by poor nutrition in producing maternal mortality cannot be accurately estimated . . . It must be remembered that when people are living under depressed economic circumstances it is difficult to relate to one factor alone, such as poor nutrition, effects which may be due to a variety of unfavourable factors working in association.

Ni allai colofnwyr cylchgrawn *The Medical Officer* lai na rhyfeddu at ddallineb a diffyg argyhoeddiad yr ymchwilwyr hyn. Onid oeddynt ym mrawddeg gyntaf y dyfyniad uchod wedi cydio yn union achos y broblem?: 'We are left convinced that in this sentence will be found the explanation of the exceptional maternal mortality in Wales, and that its reduction is more likely to be achieved by a herd of cows than by a herd of specialists.' Ym marn Juliet Williams, yr oedd llwyddiant cynllun elusennol i fwydo mamau anghenus yr ardaloedd dirwasgedig wedi profi y tu hwnt i bob amheuaeth mai'r dull mwyaf effeithiol o achub bywydau'r mamau oedd eu bwydo. Drwy nawdd y National Birthday Trust Fund, mudiad yr oedd gan Juliet Williams gysylltiadau cryf ag ef, dechreuwyd ar gynllun arbrofol i geisio lleihau nifer marwolaethau mamau. Darparu ar gyfer anghenion meddygol gwragedd beichiog yn unig oedd amcan y cynllun yn wreiddiol. Ond ym 1935, yn wyneb tystiolaeth o ddiffyg maeth, penderfynwyd dosbarthu bwyd ymhlith mamau anghenus y Rhondda. Bu'r cynllun yn llwyddiant ysgubol. Rhwng 1934 a 1935 disgynnodd cyfradd marwolaethau'r mamau yn y Rhondda o 11.29 i 4.77 i bob mil genedigaeth. Ni fu farw un o'r mamau a dderbyniasai fwyd drwy law'r cynllun. Ym 1936 aethpwyd ati i ddarparu'r un gofal yn ardaloedd Aberdâr, Caerffili, Gelli-gaer, Llantrisant a Phont-ypridd. Ac yn ystod yr un flwyddyn, cyhoeddodd Comisiynydd yr Ardaloedd Arbennig ei fwriad i gyfrannu £3,000 at gronfa'r mudiad er mwyn cynnwys tref Merthyr Tudful ac ardaloedd yn sir Fynwy yn y cynlluniau bwydo. Tystia adroddiadau canmoliaethus swyddogion iechyd yr ardaloedd hynny fod gwaith clodwiw wedi cael ei gyflawni dan nawdd y cynlluniau hyn a bod safonau iechyd wedi codi yn sylweddol.

Enillodd ymdrechion diflino'r cynllun elusennol hwn glod uchel gan wleidyddion, meddygon a mamau. Fodd bynnag, yng ngolwg rhai, ni ddylai mamau Cymru orfod dibynnu ar gardod ac elusen i gael byw. Yr oedd difaterwch a diffyg gweledigaeth y llywodraeth yn y cyswllt hwn wedi cythruddo sosialwyr a chomiwnyddion y De. Gwasgu fwyfwy ar y tlodion a wnaeth y llywodraeth yn ystod y tridegau drwy gyfrwng y Prawf Moddion a'r Byrddau Nawdd Cyhoeddus yn hytrach na lleddfu eu problemau. Credai Elizabeth Andrews fod Deddf Ddiweithdra 1934 wedi cael effaith uniongyrchol ar iechyd mamau'r wlad. Wrth annerch cyfarfod protest enfawr yn erbyn y Ddeddf ym Mhontypridd ym 1935, honnodd

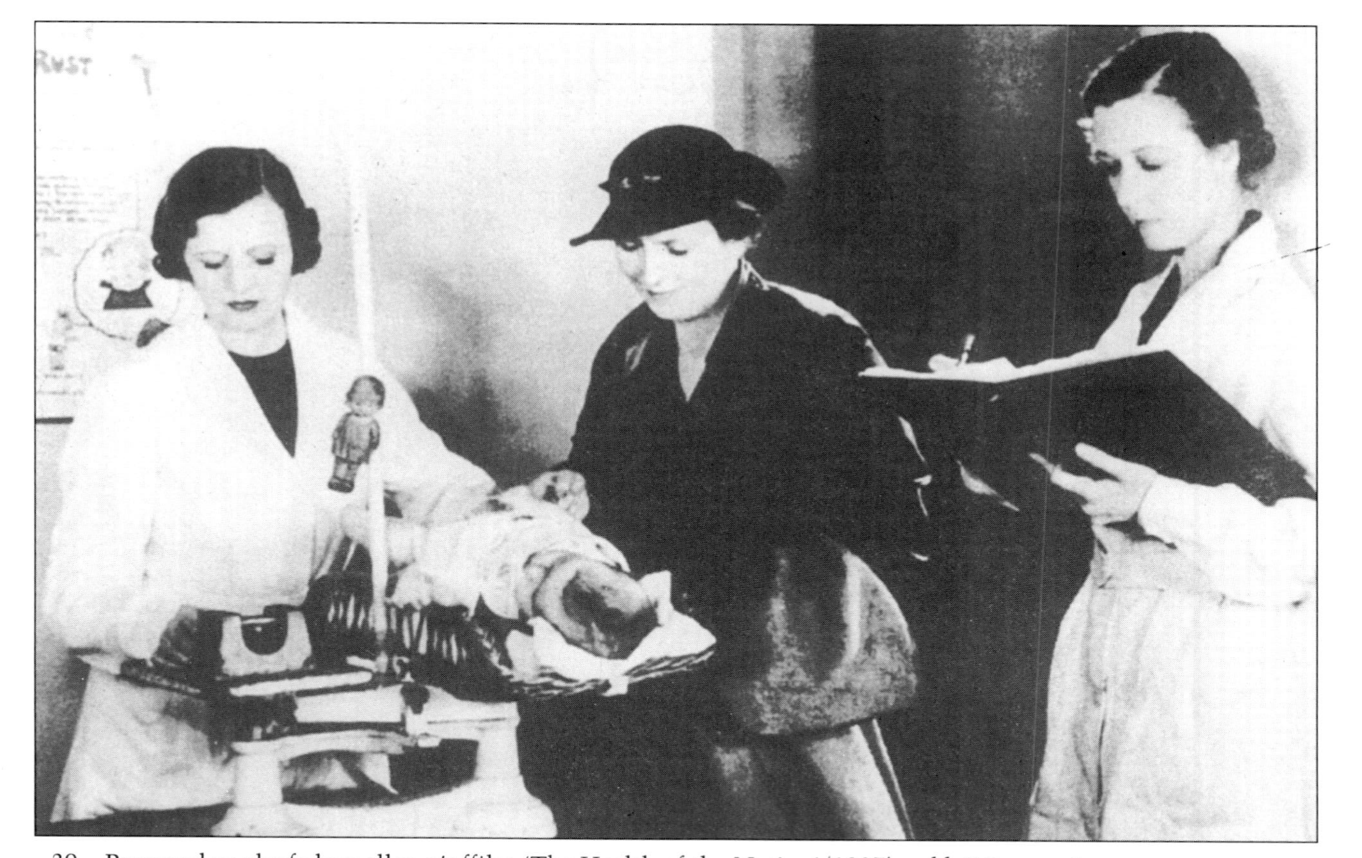

30 Pennawd yr olygfa hon allan o'r ffilm 'The Health of the Nation' (1937) oedd: '13 pwys 6 owns—pencampwr pwysau trwm.'

fod y llywodraeth wedi llofruddio dros 2,000 o famau yn flynyddol drwy eu gorfodi i fyw mewn tlodi ac angen difrifol. Rai misoedd yn ddiweddarach, ar achlysur genedigaeth aelod newydd o'r teulu brenhinol, tynnodd sylw at y gwahaniaethau a fodolai rhwng profiad y fam frenhinol a mamau cyffredin y Rhondda. Yr oedd y llywodraeth wedi galw ynghyd arbenigwyr meddygol gorau'r deyrnas ar gyfer geni'r tywysog bychan, ond sefydliadau elusennol yn unig a boenai am dynged y fam yn y Rhondda: 'Nid yw dibynnu ar elusen yn ddigon da . . . Mynnwn ofal meddygol a gweinyddol am ddim, a bwyd maethlon i famau o bob dosbarth, cred a lliw—dyna fyddo ein nod mewn gwlad wareiddiedig.'

Gwta flwyddyn yn ddiweddarach, ymddangosai fel pe bai rhai o'r breuddwydion hyn ar fin cael eu gwireddu. Ym 1936 pasiwyd deddf a fynnai fod pob awdurdod lleol yn sefydlu gwasanaeth bydwragedd at bwrpas yr ardal. Yr oedd y bydwragedd hynny i'w cyflogi gan yr awdurdod. O hynny ymlaen, yr oedd yn drosedd i fydwraig nad oedd wedi cofrestru gyda'r awdurdod lleol i weinyddu adeg genedigaeth. Wrth gymryd y cam pendant hwn cydnabu'r llywodraeth ran hanfodol bwysig y bydwragedd ym maes iechyd cyhoeddus. Yn wir, ymddengys fod y llywodraeth, dan bwysau cyhoeddus cynyddol, wedi deffro i'w chyfrifoldebau, gan ysgwyddo rhywfaint o'r baich a gariwyd cyn hynny gan gymdeithasau lles gwirfoddol. Cafwyd addewid am grant o £5,732 gan Gomisiynydd yr Ardaloedd Arbennig i adeiladu ysbyty mamolaeth yn ardal Pontypridd. Law yn llaw â'r datblygiadau cyffrous hyn, profwyd llwyddiannau mawr ym maes gwyddoniaeth feddygol a'u gwnaeth yn llawer haws i feddygon drechu'r clefydau heintus a achosai nifer o'r marwolaethau *puerperal*. Yn wir, erbyn 1938 adroddwyd bod y datblygiad yn narpariaeth yr awdurdodau lleol ar gyfer mamau yn arbennig o galonogol. Yr oedd rhagfarn y mamau yn erbyn gofal o'r fath hefyd yn graddol ddiflannu ac ym 1938 nodwyd bod cynifer â 55-65% o fenywod beichiog de Cymru bellach yn ceisio gofal meddygol yn ystod eu beichiogrwydd.

Y mae'n hwyr bryd cydnabod y rhan allweddol a chwaraewyd gan ferched de Cymru yn yr ymgyrchoedd i sicrhau y gwelliannau hyn. Heb os, bu eu gwaith diflino dros yr ymgyrch i 'achub y mamau' o bwys aruthrol. Llwyddwyd i ddeffro'r farn gyhoeddus i gydnabod sefyllfa a gawsai ei hanwybyddu ers degadau. A thrwy ddwyn pwysau ar yr awdurdodau lleol a chenedlaethol, hoeliwyd sylw'r cyhoedd ar safle anghyfartal a difreintiedig y fam gyffredin. Yn sgil sefydlu'r Gwasanaeth Iechyd Cenedlaethol ym 1948, ychydig iawn o famau mwyach a fyddai'n dioddef ofnau'r genhedlaeth flaenorol wrth eni plant. Yr oedd Juliet Williams wedi datgan yn llawen ym 1938 mai profiad 'gorfoleddus' oedd bod yn fam. Diolch i waith ac ymdrech ddi-baid gwragedd o gyffelyb fryd, daeth geni plentyn yn achlysur i'w groesawu yn hytrach na'i gasáu.

DARLLEN PELLACH

Elizabeth Andrews, *A Woman's Work is Never Done* (Ystrad, 1956).

Dot Jones, 'Counting the cost of Coal: Women's Lives in the Rhondda, 1881-1911', *Our Mothers' Land: Chapters in Welsh Women's History, 1830-1939*, gol. Angela V. John (Caerdydd, 1991).

Gwyn Jones, *Times Like These* (Llundain, 1936).

Jane Lewis, *The Politics of Motherhood* (Llundain, 1980).

Irvine Loudon, *Death in Childbirth: An International Study of Maternal Care and Maternal Mortality, 1800-1950* (Rhydychen, 1992).

Report on Maternal Mortality in Wales (HMSO, 1937).

Margery Spring Rice, *Working-Class Wives: Their Health and Conditions* (Harmondsworth, 1939).

Charles Webster, 'Healthy or Hungry Thirties?', *History Workshop Journal,* XIII (1982).

D. Llewellyn Williams, *Cyflwr Iechyd yng Nghymru* (Wrecsam, 1930).

Lady Williams, 'Malnutrition as a Cause of Maternal Mortality', *Public Health,* (Hydref 1936).

ECONOMI CYMRU 1945-1995

Dennis Thomas

Y duwiau sy'n cerdded ein tiroedd yw ffortiwn a ffawd a hap, A ninnau fel gwahaddod wedi ein dal yn eu trap;

Gwenallt

Yn ei lyfr *Hanes Cymru* y mae John Davies wedi rhoi i'r bennod olaf y teitl 'Caerdydd, Margam a Thryweryn: Cymru oddi ar 1939'. O safbwynt yr economegydd byddai teitl yn cynnwys enwau Trefforest, Tŵr a Toyota yn fwy addas ar gyfer profiad Cymru oddi ar yr Ail Ryfel Byd. Byddai rhestr o'r fath yn adlewyrchu'r trawsnewid sydd wedi digwydd yn economi Cymru yn ystod y cyfnod dan sylw: o un a lywodraethwyd gan ddiwydiannau trwm, traddodiadol i un a chanddo strwythur diwydiannol amryfal wedi ei nodweddu â diwydiannau gwasanaethol a gweithgynhyrchu ysgafn ac yn cynnwys cryn dipyn o berchenogaeth dramor. Y mae llawer o'r trawsnewid yn adlewyrchu tueddiadau gwladol a rhyngwladol, ond y mae llawer o'r newidiadau hefyd yn ganlyniad i raglenni penodol gan y llywodraeth yn effeithio ar ddiwydiannau unigol, ynghyd ag effaith polisïau rhanbarthol a luniwyd ac a gymhwyswyd gan lywodraethau y Deyrnas Unedig. Nid yw ailstrwythuro'r economi wedi profi'n esmwyth nac yn ddi-boen ac nid yw'r costau na'r buddion wedi eu dosbarthu yn gyfartal o fewn Cymru yn ddaearyddol nac yn gymdeithasol.

Er mwyn iawnddeall y newidiadau yn amgylchiadau economaidd Cymru oddi ar yr Ail Ryfel Byd, y mae'n rhaid ystyried yr hyn a ddigwyddodd cyn hynny. Yn ystod y 1920au a'r 1930au cafwyd dirwasgiad parhaol yn yr ardaloedd diwydiannol o ganlyniad i orddibynnu ar y diwydiannau traddodiadol, sef glo, dur a thunplat, ac, mewn rhai ardaloedd gogleddol, llechi. Rhwng 1928 a 1939 yr oedd cyfradd diweithdra Cymru yn gyson uwch nag mewn mannau eraill ym Mhrydain; ni fu erioed yn is na 20% a dringodd mor uchel â 40% yn Awst 1932 pan gofnodwyd bod chwarter miliwn o bobl yn ddi-waith. Dim ond ychydig o sectorau ac ardaloedd a ddihangodd rhag effaith diweithdra. Yn y mannau gwaethaf yng nghymoedd de Cymru cofnodwyd diweithdra o 70%, ond hyd yn oed yn sir Fôn cafwyd cyfradd diweithdra o fwy na 40%. Un ymateb i'r dirwasgiad dwfn a pharhaol hwn oedd fod pobl wedi dechrau llifo allan o Gymru. Gadawodd tua 440,000 rhwng 1921 a 1938, gydag oddeutu 85% o'r rheini yn deillio o siroedd Morgannwg a Mynwy. Polisi'r llywodraeth o drosglwyddo pobl o ranbarthau dirwasgedig Prydain i'r rhanbarthau ffyniannus a oedd yn gyfrifol, i raddau helaeth, am yr all-lifiad hwn.

Ni ddaeth yr adferiad economaidd cyffredinol ym Mhrydain ar ôl 1933 â chymorth i'r rhanbarthau dirwasgedig, ond cafwyd gweithredu penodol i leddfu'r dioddefaint a hyrwyddo datblygu diwydiannol ar ffurf deddfwriaeth Ardaloedd Arbennig. Yr oedd y ddeddfwriaeth, fodd bynnag, yn glaear o ran bwriad ac yn gyfyngedig o ran cwmpas ac ni lwyddodd i newid y sefyllfa gyflogedig yn sylweddol. Yr oedd ei chanlyniadau yn ardal de Cymru, a oedd yn cynnwys y rhan fwyaf o Forgannwg a gorllewin sir Fynwy, yn arbennig o ddiffygiol. Yr oedd angen ailstrwythuro llwyr yno, wedi ei seilio ar ddiwydiannau newydd a fyddai'n tyfu, ond ni chafwyd hynny. O ganlyniad i'r dirwasgiad, cynyddu a gwaethygu a wnaethai'r gwahanol anfanteision yr oedd yr ardal yn dioddef ohonynt, ac yr oedd hyn wedi creu awyrgylch o ddadfeiliad a phesimistiaeth. Er gwaethaf y ddeddfwriaeth newydd, yr oedd prinder datblygu diwydiannol newydd. Yr unig gyfraniad nodedig oedd y mudiad ystadau masnachu yn Nhrefforest, ger Pontypridd, a mannau cyffelyb lle y gwelwyd sefydlu mentrau newydd yn y maes gweithgynhyrchu ysgafn. Bu'r llwyddiant hwn, fodd bynnag, i raddau helaeth yn ganlyniad i ddamwain hanes a ddaeth â diwydianwyr a oedd yn ffoi rhag yr erledigaethau yng nghanol Ewrop i'r ardal.

Yn ogystal â'r mewnlifiad hwn o fusnes tramor, cyn yr Ail Ryfel Byd adleolwyd peth diwydiant am resymau diogelwch ac ehangwyd cynhyrchu haearn a dur i gwrdd ag anghenion gwneud arfau. Fodd bynnag, bu effeithiau cyfunol y datblygiadau hyn yn gyfyngedig a chyn dechrau'r rhyfel yr oedd y sefyllfa mewn sawl rhan o Gymru yn parhau yn arswydus. Yr oedd 100,000 o bobl yn ddi-waith yng Nghymru ac yn Ardal Arbennig de Cymru yr oedd cyfradd diweithdra

31 Gyda nawdd y Llywodraeth, sefydlwyd ystad fasnachu Trefforest ym 1938.

gyfuwch â 25%. Yr oedd gwir angen gweithredu cyflym i gynorthwyo'r ardal, heb sôn am ei hadfywhau. Daeth hyn yn sgil y rhyfel a achosodd newidiadau na fuasent wedi digwydd fel arall. Rhoddodd y rhyfel derfyn clir a dramatig ar dueddiadau a welwyd cyn hynny a chreu'r amgylchedd priodol ar gyfer datblygu yn y dyfodol. Yn arbennig, cyflwynwyd diwydiant newydd, y ceisiwyd amdano yn ofer yn ystod y 1930au, gan anghenion strategol.

Bu blynyddoedd y rhyfel yn gyfnod o weithgarwch dwys ac amrywiol. Adfywhawyd llawer o fentrau a oedd yn bodoli eisoes gan gytundebau newydd a galw newydd, a thrawsblannwyd nifer fawr o fentrau newydd i Gymru oherwydd yr angen i ddefnyddio adnoddau llafur nad oeddynt yn cael eu defnyddio'n llawn ac i wasgaru cynhyrchu hanfodol i ardaloedd a fyddai'n llai agored i ymosodiad gan y gelyn. Lleolwyd llawer o'r mentrau newydd mewn amrywiaeth o ffatrïoedd o wahanol fath a maint a adeiladwyd gan y llywodraeth. Hefyd lleolwyd Ffatrïoedd Ordnans Brenhinol ym Mhen-y-bont ar Ogwr, Glasgoed, Hirwaun, Llanisien, Casnewydd a Phen-bre (ger Llanelli) yn ogystal ag ym Marchwiail (ger Wrecsam) yn y Gogledd. Rhwng 1939 a 1944 cynyddodd cyflogaeth mewn cemegau, paent ac olew o 4,000 i 69,000, mewn peirianneg o 11,000 i 48,000, ac mewn adeiladu cerbydau o 7,000 i 30,000.

Diolch i ofynion y rhyfel hefyd, amsugnwyd llafur di-waith yn sgil y cynnydd mewn cyfleoedd cyflogaeth a recriwtio milwrol. Bu peth all-lifo yn ogystal er mwyn diwallu prinder llafur mewn mannau eraill ym Mhrydain. Erbyn canol 1941 yr oedd nifer y bobl ddi-waith wedi gostwng i 35,000 ac ar ddechrau 1944 yr oedd llai na 7,500 o ddynion di-waith yng Nghymru. Yn anochel, gostyngiad dros-dro ac artiffisial oedd hwn, ac ar ddiwedd y rhyfel gwaethygodd y sefyllfa unwaith eto. Yn fuan, fodd bynnag, cafodd y cynnydd mewn diweithdra ei atal ac erbyn diwedd y 1940au yr oedd diweithdra yng Nghymru wedi sefydlogi ar gyfradd o oddeutu 3%. Yr oedd gan rai mannau gyfraddau cymharol uchel o ddiweithdra o hyd, ond yr oedd melltith diweithdra hir-dymor cyffredinol wedi ei dileu. Erbyn Gorffennaf 1955, gyda diweithdra islaw

14,000 a chyfradd diweithdra yn 1.4% yn unig, gellid honni bod cyflogaeth lawn yng Nghymru gyfan bron, gan fod y rhan fwyaf o'r bobl a oedd yn abl i weithio ac yn dymuno gwneud hynny wedi cael hyd i waith.

Yn ystod y rhyfel yr oedd dynion hŷn a oedd cyn hynny wedi rhoi'r gorau i'r gobaith o gael gwaith byth eto wedi ailddechrau gweithio a dangosodd hynny gyn lleied oedd y gyfran o'r llafurlu a oedd yn hollol anabl ar gyfer gwaith neu hyfforddiant. Yn fwy arwyddocaol na hynny oedd y cynnydd sylweddol yn y nifer o ferched a gyflogid. Ganol 1944 yr oedd 219,000 o ferched yswiriedig yn gweithio yng Nghymru o'u cymharu â 94,000 yn unig ym 1939. Cynnydd dros-dro oedd hwn a diflannodd llawer o'r swyddi hyn wedi i ymdrech y rhyfel beidio. Ond arhosodd llawer o ferched ar y gofrestr er nad oeddynt efallai yn parhau mewn gwaith. Ganol 1946 y ffigur ar gyfer cyflogaeth merched oedd 158,000. Er bod y niferoedd yn llai yng Nghymru nag mewn rhannau eraill o Brydain, bu cynnydd sylweddol yn y nifer o ferched a oedd mewn gwaith a pharhaodd hynny yn nodwedd arwyddocaol yng Nghymru ar ôl y rhyfel. Yr oedd 26% o'r llafurlu yn ferched ym 1950 o'i gymharu â 13.5% ym 1939. Erbyn 1970 yr oedd y ffigur wedi cynyddu i fwy na thraean a bron â chyrraedd 40% erbyn 1980.

Yn ogystal â newidiadau yng nghyfansoddiad llafurlu Cymru o ran rhyw, cafwyd newidiadau o ran ei natur a'i ansawdd. Yr oedd gofynion cynhyrchu adeg rhyfel ac anghenion yr amrywiaeth o ddiwydiannau gweithgynhyrchu ysgafn a oedd wedi dod i Gymru wedi hybu dysgu medrau newydd a phrosesau cynhyrchu newydd. Hefyd yr oedd profiad cwmnïau a ddaeth i mewn i'r wlad wedi dymchwel llawer o'r rhagfarnau a'r camsyniadau ynglŷn â Chymru a'i llafurlu. Bu hyn, ynghyd â datblygu cronfa amrywiol o lafur, yn un o brif gymynroddion y rhyfel i'r ymgyrch i ailstrwythuro diwydiant yng Nghymru. Mwy uniongyrchol arwyddocaol, sut bynnag, oedd bod mwy o adeiladau diwydiannol i'w datblygu ar gael ar ôl y rhyfel.

Yn ogystal ag ymrwymo i gyflogaeth lawn a sefydlu'r

wladwriaeth les a'i hariannu, mynnodd y Llywodraeth Lafur newydd ar ôl y rhyfel ddilyn polisïau a fyddai'n mantoli anghydbwysedd rhanbarthol. Yn arbennig, cyflwynodd y Llywodraeth bolisi dosbarthu diwydiant er mwyn hybu datblygu diwydiannol yn ardaloedd dirwasgedig Prydain. Fel rhan o'r rhaglen honno, pennwyd ardal maes glo de Cymru, ynghyd â rhan o sir Benfro, yn Ardal Ddatblygu ym mis Mehefin 1945, a dyna a wnaed hefyd yn achos ardal Wrecsam. Bu'r ardaloedd hyn ar eu hennill, nid yn unig o ganlyniad i'r manteision ffafriol a roddwyd i gwmnïau a oedd yn dymuno cael eu lleoli yno ond hefyd o ganlyniad i amrywiaeth o fesurau perswâd, fel darparu gofod ffatri, consesiynau rhent, grantiau a benthyciadau llog isel i ddenu diwydianwyr. O'r 179 o ffatrïoedd a sefydlwyd yn ne diwydiannol Cymru rhwng 1945 a 1949, gwnaeth 112 hynny gyda chymorth y llywodraeth. Lleolwyd y mwyafrif mewn adeiladau diwydiannol a etifeddwyd o'r rhyfel. Yr oedd hyn yn ffactor hollbwysig. Ar adeg pan gyfyngwyd yn llym ar adeiladu newydd ledled y wlad oherwydd prinder deunyddiau, gwasanaethwyd Cymru ddiwydiannol yn dda iawn gan ffatrïoedd ordnans a storfeydd llywodraeth a oedd ar gael ar gyfer eu trawsnewid. O'r 39,400 o swyddi a oedd ynghlwm wrth gyflogaeth gan gwmnïau newydd yn ne Cymru erbyn Awst 1947, nid oedd ond 3,700 mewn adeiladau a oedd newydd eu cwblhau.

Creodd y rhyfel amgylchedd a oedd yn gweddu'n fwy i gynnal strwythur diwydiannol amryfal. Er na wnaeth rhai o weithgareddau adeg y rhyfel oroesi'r ymaddasu i ofynion blynyddoedd yr heddwch, llwyddodd llawer mwy i wneud hynny, ac er i rai cwmnïau o Loegr ddychwelyd adref arhosodd y rhan fwyaf ohonynt, ond dan ofalaeth newydd. Ymhlith datblygiadau o'r fath yr oedd ffatrïoedd gwneud dillad yn y Rhondda, cerbydau modur a rhannau ceir yn Felin-foel (Llanelli) a Chwmbrân, cosmetigau artiffisial ym Maesteg, ffibrau ym Mhont-y-pŵl, peirianneg a gweithgynhyrchu metel yng Nghasnewydd, Castell-nedd, y Coed-duon a Rhydaman, cynhyrchu awyrennau ym Mrychdwn (Fflint), clociau yn Ystradgynlais a chemegau yn Nowlais a Chynffig.

Cafodd ardal Merthyr hwb sylweddol yn sgil lleoli ffatri Hoover yno yn ogystal ag amrywiaeth o fentrau eraill, yn cynnwys teganau a dillad isaf. Trawsnewidiwyd y ffatrïoedd ordnans ym Mhen-y-bont ar Ogwr, Hirwaun a Marchwiail yn ystadau masnachu lle cafwyd amrediad eang o weithgynhyrchu ysgafn anferth a fyddai, yn ei hanterth, yn cyflogi mwy na 30,000 o weithwyr. Cafodd y mudiad ystadau masnachu yn gyffredinol hwb yn sgil adeiladu newydd; er enghraifft, yn Fforest-fach ger Abertawe, ynghyd â thwf yn yr hen safle yn Nhrefforest. Yno ehangwyd i'r fath raddau fel y cyflogid 20,000 o weithwyr, ac yr oedd ffatrïoedd a ddargyfeiriwyd i ardaloedd eraill hefyd yn cyflogi 15,000 yn ychwanegol.

Er bod y datblygiadau hyn yn rhai sylweddol, ni wnaethant fwy na gwrthbwyso dirywiad y diwydiannau sylfaenol traddodiadol. Er i flynyddoedd y rhyfel greu egwyl ddymunol ar gyfer rhai sectorau, profodd eraill helbulon dwys. Yn achos glo cafwyd hwb dros-dro ond dilynwyd hynny gan derfyn sydyn ar y fasnach allforio. Cafodd dwsinau o byllau glo eu cau wrth i gynnyrch de Cymru ostwng draean a'r llafurlu ostwng oddeutu 25,000. Gyda gwaith cynnal a chadw a gwaith datblygu yn cael eu hanwybyddu, diwydiant llesg iawn a welwyd erbyn diwedd y rhyfel. Yr oedd llawer o byllau yn hen, yn aneffeithlon ac yn dra chostus. Dihysbyddwyd yr haenau y gellid eu gweithio yn hawdd ac oherwydd diffyg buddsoddi yr oedd y cyfarpar mewn cyflwr gwael. Isel iawn oedd y cynnyrch a'r cyfle i fecaneiddio yn gyfyng iawn. Yr oedd y diwydiant tunplat hefyd mewn cyflwr gwael ar ddiwedd y rhyfel. Yn sgil colli'r fasnach allforio a chyfyngu llym ar dreuliant mewnol, caewyd llawer o weithfeydd, yn rhannol o ganlyniad i bolisi'r llywodraeth o grynhoi gweithfeydd. Rhwng 1939 a 1946 gostyngodd cynnyrch y diwydiant o 976,000 i 511,800 o dunelli a gostyngodd y gweithlu o 23,000 i 12,600. Effeithiodd prinder medrau, tanwydd a deunyddiau yn sylweddol ar y diwydiant yn y blynyddoedd yn union ar ôl y rhyfel, ond y broblem sylfaenol oedd trefniadaeth aneffeithlon, gyda chynhyrchu wedi ei wasgaru ymhlith nifer o weithleoedd cymharol fach, llafurddwys, a thechnolegol araf. Yn achos cynhyrchu dur ni chafwyd problemau cyffelyb; yn wir, yr oedd llawer o weithleoedd, yn arbennig y gwaith newydd yng Nglynebwy (a agorwyd ym 1939), yn ffynnu'n sylweddol. Llwyddodd y diwydiant i ymaddasu i'r amgylchiadau ar ôl y rhyfel ac nid oedd cyfradd y cynhyrchu na'r gweithlu lawer yn is na'r hyn oeddynt cyn y rhyfel. Fodd bynnag, er y cynhyrchwyd mwy o ddur nag erioed o'r blaen mewn llawer o weithleoedd yn ystod blynyddoedd olaf y 1940au, yr oedd eu perfformiad yn foddhaol mewn cyd-destun Prydeinig yn unig. Ar lefel ryngwladol, yr oedd y diwydiant yn llusgo'i draed o'i gymharu â'r gwledydd mwy technolegol ddatblygedig lle'r oedd gweithleoedd integredig helaeth yn cynhyrchu haearn a dur ar raddfa fawr iawn.

Felly, dyfodol ansicr a wynebai'r diwydiannau trwm wedi'r rhyfel. Yr oedd buddsoddi, ailgyfarparu, moderneiddio ac aildrefnu yn hanfodol. Gyda dirywio pellach yn anochel mewn llawer o sectorau, yr oedd hefyd angen rheoli newid. Yn ystod rhan olaf y 1940au aeth y llywodraeth ati yn fwriadol i hyrwyddo perchenogaeth sector cyhoeddus ac i ddylanwadu ar amrediad eang o wasanaethau a diwydiannau hanfodol. Yn bennaf, cafwyd rhaglen o wladoli a oedd yn cynnwys glo, trydan, nwy, y rheilffyrdd a dur. Am gyfnod byr (o 1951 tan 1953) y gwladolwyd dur i ddechrau, ond parhaodd y diwydiant yn ddibynnol iawn ar y wladwriaeth am ddegadau i ddod.

Trosglwyddwyd glo i berchenogaeth gyhoeddus ar Ddydd Calan 1947 ac yn fuan wedyn cyhoeddodd y Bwrdd Glo Gwladol gynllluniau ar gyfer buddsoddiant enfawr mewn cynnal a chadw a moderneiddio. Rhwng 1950 a 1975 ymgymerwyd ag oddeutu £200 miliwn o fuddsoddiant cyfalaf yng Nghymru wrth i byllau hŷn gael eu hatgyweirio a phyllau newydd gael eu hagor, er enghraifft, yn Abernant, Cynheidre a Nantgarw. Golygai crynhoi cynhyrchu mewn llai o lofeydd gau pyllau llai. Dechreuodd y broses hon ar unwaith. Rhwng 1947 a 1950 caewyd 34 o byllau yn ne

Cymru. Arhosodd cyflogaeth yn weddol gyson yn y diwydiant glo yn hanner cyntaf y 1950au wrth i'r galw am lo barhau'n uchel, ond yng nghanol y degad gwelwyd dechrau dirywiad sylweddol wrth i'r galw anniwall am ynni ar ôl y rhyfel leihau ac i ffurfiau eraill ar ynni, a oedd yn lanach a mwy atyniadol, ddod i'r amlwg. Hefyd collodd y fasnach allforio ei phwysigrwydd wrth i orgyflenwad ymddangos yn y rhan fwyaf o wledydd. Bu'r sector glo caled ym maes glo de Cymru yn gymharol ffyniannus am gyfnod hir, ond daeth trafferthion yn sgil gorddibyniaeth rhannau eraill ar y farchnad ddur fewnol. Rhwng 1957 a 1964 caewyd 50 o byllau de Cymru, a rhwng 1964 a 1970 caewyd 40 arall, ynghyd â phedwar allan o chwech yng ngogledd Cymru. 15 miliwn o dunelli oedd cynnyrch glo Cymru ym 1970 o'i gymharu â 23 miliwn ym 1948, 51 miliwn ym 1929 a 59 miliwn ym 1913 pan allforiwyd tua 70% o'r cynnyrch. Er gwaethaf y cynnydd, yr oedd maes glo de Cymru yn gyson yn cofnodi costau uchel, y gynhyrchaeth isaf a'r colledion ariannol mwyaf o holl feysydd glo Prydain. Ym 1974 cyflogwyd oddeutu 32,000 o bobl yn y diwydiant glo yng Nghymru mewn 50 o lofeydd o'i gymharu â 108,000 mewn 164 o lofeydd ym 1950 a 270,000 ym 1920. Yn y Rhondda, Maerdy oedd yr unig lofa a oedd yn parhau o'r 25 a geid yng Nghymru adeg y gwladoli. Yn sgil yr argyfwng olew rhyngwladol ym 1973 a'r cynnydd mewn prisiau a'i dilynodd, adfywiwyd rhagolygon y diwydiant glo, ond yr oedd y patrwm wedi ei sefydlu ac yr oedd yn anochel y byddai'r dirywio yn parhau.

Yr oedd y broses o foderneiddio ac aildrefnu yn amlycach fyth yn y sector dur a thunplat. Yn y blynyddoedd cynnar wedi'r rhyfel cafwyd perfformiad gwell nag yn unrhyw ardal arall ym Mhrydain. Rhwng 1948 a 1954 cynyddodd cyfanswm y cynnyrch 23% o'i gymharu â 18% ar gyfer Prydain Fawr yn gyfan. Yn Ionawr 1945 yr oedd y ddau gwmni mawr, Richard Thomas & Co. a Baldwins Ltd., wedi uno, dan anogaeth y llywodraeth, i ffurfio menter a oedd yn rheoli 340 o'r 500 o felinau yn ne Cymru. Ym 1947 ffurfiwyd y cwmni anferth, Cwmni Dur Cymru, drwy ddwyn ynghyd Richard Thomas & Baldwins, John Lysaghts, Guest Keen a'r Llanelly Associated Tinplate Company. Ei brif fenter oedd sefydlu, unwaith eto gyda chymorth y llywodraeth, waith dur newydd Abbey ym Margam, ger Aberafan, y gwaith dur mwyaf ym Mhrydain, a chanddo gyfleusterau rhagorol ar gyfer trawsgludo dros dir a môr. Yn y pen draw byddai ganddo'r gallu i gynhyrchu yn agos i dair miliwn o dunelli y flwyddyn. Erbyn 1963 yr oedd yn cyflogi tua 17,000 o weithwyr. Hefyd yn ystod y blynyddoedd cynnar ar ôl y rhyfel gwelwyd buddsoddi mawr a moderneiddio yng Nghaerdydd, Glynebwy a Shotton (Fflint). Rhwng 1946 a 1955 cynyddodd y nifer a gyflogid yn y gwahanol adrannau o'r diwydiant dur yng Nghymru o 43,000 i 56,500, a chynyddodd y cynnyrch o ddur amrwd o 2.6 i 4.6 miliwn o dunelli, sef chwarter cynnyrch Prydain. Yn gysylltiedig â Margam, agorwyd dau waith tunplat newydd, y naill yn Nhrostre ger Llanelli ym 1953 a'r llall yn Felindre ger Abertawe ym 1956. O ganlyniad, erbyn 1960 yr oedd yr holl weithfeydd tunplat bychain a oedd wedi eu gwasgaru trwy gymoedd gorllewinol y maes glo wedi cau. Rhwng 1948 a 1958 gostyngodd llafurlu y diwydiant tunplat tua 40%, sef o bron 17,000 i lai na 10,000.

Yn y 1960au cafwyd cynnydd yn y diwydiant dur a thunplat o ganlyniad i'r galw o du y diwydiant ceir yng Nghaerdydd, Llanelli ac Abertawe yn ogystal ag yng ngorllewin canolbarth Lloegr. Ym 1962 agorwyd gwaith dur anferth Spencer yn Llan-wern, ger Casnewydd, ac ar ddiwedd y degad cafwyd rhaglenni buddsoddi mawr yng Nglynebwy, Margam a Shotton. Erbyn 1970, fodd bynnag, yr oedd ansicrwydd ynglŷn â dyfodol y sector. Bu dirywiad yn hanes y diwydiant ceir a chrebachodd y marchnadoedd mewnol yn sgil gostyngiad yn y galw byd-eang am ddur. Ni allai'r diwydiant yng Nghymru gystadlu â diwydiannau dur mwy effeithlon a chynhyrchiol yr Almaen, Japan ac America. Ailwladolwyd y cwmnïau mwyaf ym 1965 ac yna cafwyd cyfnod o addasu. O ganlyniad lleihawyd maint y llafurlu a chrynhowyd cynhyrchu. Digwyddodd hyn eto yng nghanol y 1970au pan gafodd gweithfeydd East Moors (Caerdydd) a Glynebwy eu cau. Pan gaewyd gwaith Glynebwy diflannodd gallu cynhyrchu mewndirol yn ne Cymru a symudwyd cynhyrchu yn gyfan gwbl i'r arfordir. Yng ngogledd Cymru caewyd gwaith Mostyn ym 1964, ond daliodd gweithfeydd Shotton a Brymbo (ger Wrecsam) eu tir.

O ganlyniad i'r cyfnodau o ymchwydd a brofasai'r diwydiant dur a thunplat, a hynny er gwaethaf dirywiadau cylchol yn yr economi gwladol ac effeithiau ymateb adchwyddo-dadchwyddo y llywodraeth i bwysau allanol, yr oedd ardaloedd diwydiannol Cymru yn fwy ffyniannus yn y 1950au a'r 1960au nag erioed. Un nodwedd arbennig oedd y ffigur uchel ar gyfer enillion cyfartalog o'i gymharu â'r ffigur am Brydain. Chwyddwyd y ffigur hwn gan enillion gweithwyr dur a dyma oedd ffynhonnell sylfaenol y cyfoeth a wnaeth Aberafan y diweddaraf mewn cyfres hir o gymunedau ymchwydd yng Nghymru. O ran dangosyddion economaidd eraill, fodd bynnag, yr oedd Cymru yn parhau ar ei hôl hi o'i chymharu â rhanbarthau eraill Prydain. Yr oedd incwm uned teulu 10% yn llai na'r cyfartaledd am Brydain ac arhosodd cyfradd diweithdra yn uwch na ffigur Prydain pa gam bynnag o'r cylch economaidd a oedd mewn grym.

Cymharol ychydig o ddatblygiadau diwydiannol newydd a gafwyd yng Nghymru yn ystod rhan gyntaf y 1950au, ond yn ystod y cyfnod 1958-64 cafwyd ail don o ymyrraeth wladwriaethol frwd wrth i'r llywodraeth roi cymorth mwy positif i bolisi economaidd rhanbarthol. Ymateb oedd hyn i effeithiau cyffredinol encilio a cholli swyddi yn y diwydiannau glo a thunplat yng Nghymru, a oedd wedi peri i gyfradd diweithdra agosáu at 5% yn ystod 1959. Yn sgil cynnydd pellach mewn diweithdra yng nghanol y 1960au, gyda chyfraddau yn codi'n uwch na'r gyfradd uchaf flaenorol ar ôl y rhyfel, a gofnodwyd ym Mehefin 1947, profodd Cymru drydydd ymchwydd o fuddsoddiant cyhoeddus a datblygiad wedi ei hybu gan y llywodraeth. Pennwyd bron pob ardal yng Nghymru yn Ardaloedd Datblygu a rhoddwyd iddynt

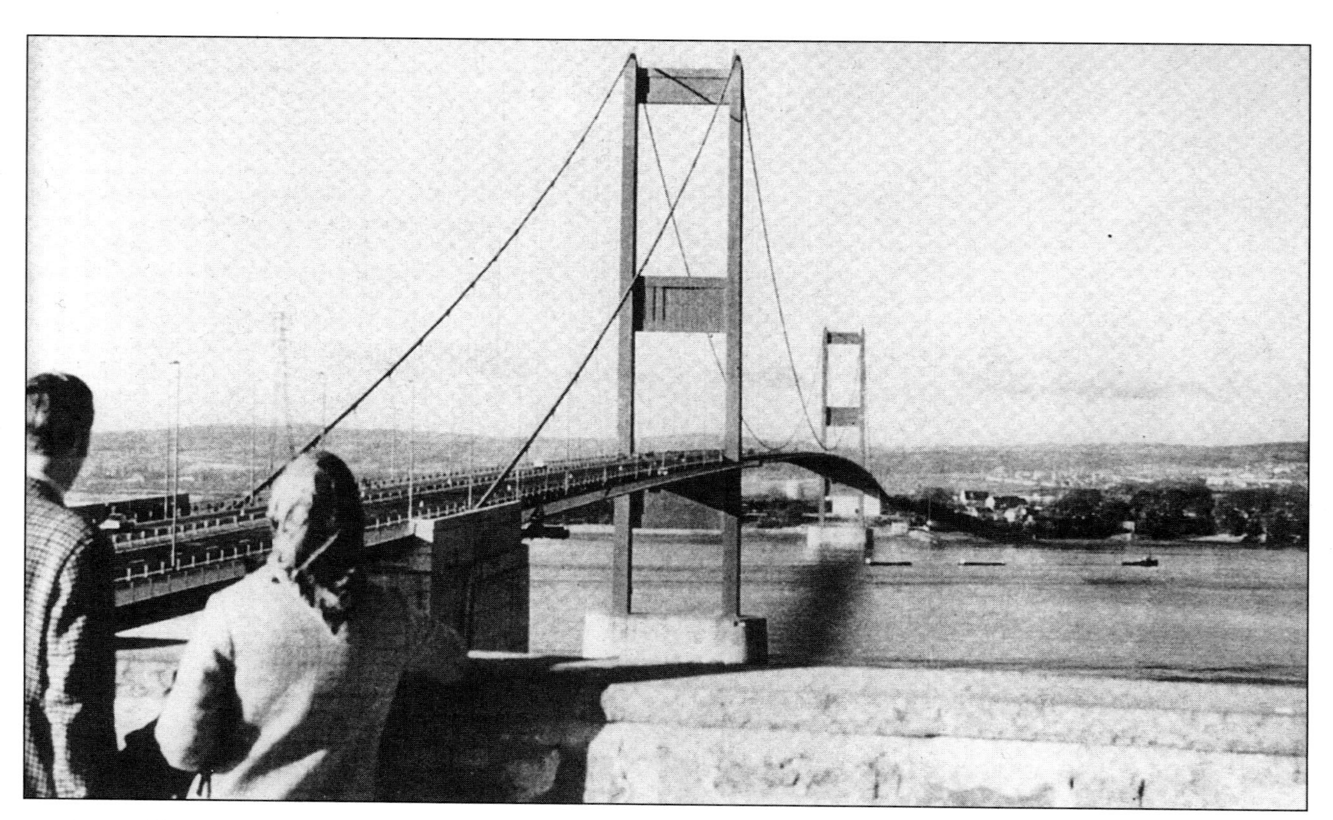

32 Cwblhawyd Pont Hafren ym 1966, gan ddwyn economi de Cymru yn nes at economi de-orllewin Lloegr.

amrywiaeth o gonsesiynau sylweddol ar ffurf grantiau ar gyfer adeiladu, buddsoddi a hyfforddi, ynghyd ag ad-daliadau treth a phremiynau wedi eu cysylltu â chyflogaeth. Hefyd achosodd buddsoddiant llywodraeth welliant sylweddol yn ffyrdd Cymru. Wedi cwblhau Pont Hafren ym 1966 a datblygu'r M4, daeth de Cymru yn rhan gyflawnach o economi Prydain. Erbyn y 1970au cynnar cymerai'r siwrnai o Abertawe i Lundain lai na theirawr. Ymhlith datblygiadau eraill, gwelwyd cwblhau ffordd Pennau'r Cymoedd ar hyd ffin ogleddol maes glo de Cymru, datblygiad a wellodd gysylltiadau mewnol yn ogystal â hwyluso cysylltiadau â Chanolbarth Lloegr. Ar y llaw arall, bu toriadau creulon yn y rhwydwaith rheilffyrdd yn sgil Adroddiad Beeching ym 1963. Gostyngodd cyfanswm y milltiroedd o reilffyrdd yng Nghymru o 637 i 363 erbyn diwedd y degad.

Yn ystod y 1960au sefydlwyd de Cymru yn gadarn yn ganolfan gynhyrchu ceir wrth i ddatblygu diwydiannol newydd ddod â Ford i Abertawe, Rover i Gaerdydd, a Fisher a Ludlow i Lanelli, ynghyd â llu o ffatrïoedd rhannau ceir fel y rhai a ymsefydlodd yng Nghwmbrân a Mynyddcynffig. Daeth ffatrïoedd rhannau ceir i Gaernarfon yng ngogledd Cymru hefyd, gweithle alwminiwm Rio Tinto Zinc i sir Fôn, a ffatri Hotpoint i Landudno. Nid Hotpoint oedd yr unig gwmni mawr offer tŷ i ymsefydlu yng Nghymru. Yn yr un cyfnod lleolwyd ffatri Prestcold yn Abertawe ac ehangwyd ffatri Hoover ym Merthyr. Mwy arwyddocaol yn ystod y cyfnod hwnnw oedd y datblygiadau mewn petrocemegau. Yn ogystal ag ehangu yn y Barri, Casnewydd a Rhiwabon, cafwyd buddsoddiant mawr gan BP yn Llandarcy i gyd-fynd ag ehangu enfawr Bwrdd Nwy Cymru yng ngweithle Baglan, y tu allan i Aberafan. Hyd yn oed yn fwy nodedig oedd twf y diwydiant puro olew yn Aberdaugleddau, lle y cafwyd, yn sgil penderfyniad Esso i fanteisio ar harbwr dŵr dwfn y porthladd, fuddsoddi helaeth gan BP, Texaco, Gulf ac Amoco. Ar wahân i'r datblygiadau hyn mewn gweithgynhyrchu a phrosesu, nodwedd amlwg iawn arall o'r cyfnod oedd yr ehangu enfawr yn y sector gwasanaethau, gyda chymorth y polisi o leoli gwahanol asiantaethau gwladol mewn ardaloedd arbennig. Er enghraifft, daeth y DVLC i Dreforys ger Abertawe, y Swyddfa Drwydded Teithio i Gasnewydd a'r Bathdy Brenhinol i Lantrisant.

Er i'r datblygiadau hyn greu cyfleoedd cyflogaeth newydd ac amrywiol, ni wnaethant fawr mwy na pharhau i wrthbwyso'r dirywiad yn y diwydiannau traddodiadol. Yn ogystal caewyd yn y 1960au lawer o'r gweithleoedd a leolwyd yng Nghymru yn ystod y cyfnod cynnar ar ôl y rhyfel. Achosodd eu diflaniad yn ystod cyfnod o enciliad bryder ynglŷn â 'syndrôm y ffatri ganghennol'. Yn sgil ennill a cholli swyddi, cafwyd twf cyfyngedig mewn cyflogaeth yng Nghymru o'i gymharu â Phrydain gyfan rhwng 1950 a 1970. Wedi'r ehangu yn ystod y cyfnod 1950-64 bu dirywiad ar ôl hynny a'r canlyniad cyffredinol oedd gostyngiad o 51,000 o weithwyr cyflog. Amcangyfrifir i 100,000 o swyddi gael eu colli rhwng 1964 a 1970. Er i gyflogaeth yn y diwydiannau gweithgynhyrchu dyfu 25% yn ystod y 1950au a 14% yn y 1960au, nid oedd hynny'n ddigon o wrthbwys i'r swyddi a gollwyd yn y diwydiannau trwm a bu'r twf a gafwyd mewn cyflogaeth yn gyffredinol yn ganlyniad i ehangu'r sector gwasanaethau. Gyda bron 350,000 o bobl yn cael eu cyflogi mewn gwahanol fathau o alwedigaethau gwasanaethol ym 1970, yr oedd y sector hwnnw bron wedi dyblu ei faint yn ystod y ddau ddegad blaenorol.

Ynghyd â'r newidiadau diwydiannol a ddisgrifiwyd uchod, cafwyd newidiadau sylweddol yn naearyddiaeth economaidd Cymru. Ar wahân i ranbarth y gogledd-ddwyrain, ffin ogleddol maes glo de Cymru ac, i raddau llai, de sir Benfro, lleolwyd y cydganoli mwyaf o weithgarwch economaidd ar hyd arfordir de Cymru, gyda thwf yr hyn a elwid yn 'Ddinas Bae Abertawe' yn nodwedd arbennig. Ynghyd â newid diwydiannol, cafwyd symudiadau poblogaeth ac o ganlyniad daeth dosbarthiad anghytbwys poblogaeth Cymru yn amlycach fyth. Cynyddodd cyfran y boblogaeth a oedd yn byw ym Morgannwg, Mynwy, Dinbych a Fflint yn sylweddol, ond cafwyd hefyd symudiadau allweddol o fewn y siroedd hynny.

Cynyddodd poblogaeth Caerdydd a Chasnewydd 40% yn y 1950au a'r 1960au ar adeg pan oedd poblogaeth de Cymru ddiwydiannol yn gyffredinol yn cynyddu 5% a phoblogaeth y rhan fwyaf o weddill Cymru yn gostwng. Collai cymoedd de Cymru bobl yn gyson; er enghraifft, collodd y Rhondda 20% rhwng 1951 a 1971, ond yr oedd y dirywiad yn fwy arwyddocaol mewn ardaloedd cefn gwlad.

Efallai fod profiadau trigolion cefn gwlad Cymru ar ôl y rhyfel yn bwysicach na phrofiadau trigolion yr ardaloedd diwydiannol. Yn anochel, yr oedd blynyddoedd y rhyfel wedi hybu amaethyddiaeth, ond egwyl yn unig oedd hynny cyn storm enfawr o newid. Drwy ymyrraeth y llywodraeth trawsnewidiwyd y sector drwy fecaneiddio a chrynhoi daliadau. Yn sgil Deddf Amaethyddiaeth 1947 daeth y diwydiant yn fwyfwy dibynnol ar y llywodraeth, gan dderbyn cymorth drwy gyfrwng amrywiaeth o gymorthdaliadau a grantiau. Sicrhaodd prisiau gwarantedig a chynnydd mewn mecaneiddio fod amaethyddiaeth am gyfnod sylweddol yn ddiwydiant cymharol ffyniannus, gyda gwelliannau mewn cynhyrchaeth yn dod â chynnydd mawr mewn cnydau a da byw. Fodd bynnag, dengys rhai ystadegau allweddol yn amlwg fod y diwydiant yn dirywio. Rhwng 1951 a 1971 hanerwyd nifer y ffermydd yng Nghymru i oddeutu 20,000 a gostyngodd nifer y gweithwyr fferm o 33,385 i 11,275. Yn sgil ymaelodi â'r Gymuned Ewropeaidd ym 1973 elwodd amaethyddiaeth, yn y byrdymor o leiaf, ar amrywiaeth o gronfeydd, ond yn y 1980au cefnwyd fwyfwy ar y traddodiad o gynnig cymorthdaliadau. Enghraifft drawiadol iawn oedd gosod cwotâu llym ar gynhyrchwyr llaeth. Bu hyn yn ergyd arbennig o galed i ffermwyr llaeth de-orllewin Cymru, lle'r oedd y sgil-effeithiau yn cynnwys cau hufenfeydd. Gan fod sectorau amaethyddol eraill, yn arbennig ffermwyr y bryniau, yn orddibynnol ar gymorthdaliadau, daeth y diwydiant yn fwyfwy agored i effeithiau newid polisi. Nodweddid ffermio yng Nghymru gan gostau uchel, prisiau yn gostwng, ymrwymiadau benthyca uchel ac incwm isel. Nid gormod dweud ei fod mewn argyfwng. Gydag ansicrwydd cynyddol ynghylch

33 Ym mis Medi 1974 daeth cannoedd o aelodau o Undeb Amaethwyr Cymru ynghyd yng Nghaerdydd i leisio eu protest ynglŷn â'r dirwasgiad amaethyddol.

polisi'r Undeb Ewropeaidd ar gyfer y dyfodol, y darlun a geir bellach yw llai o weithwyr amser-llawn a chryn gynnydd mewn gweithgarwch rhan-amser.

Y mae'r ymateb i'r angen am addasu amaethyddol yn cynnwys cadwraeth a chymorth grantiau mewn sawl maes o symudiadau gan deuluoedd fferm tuag at ffynonellau eraill o incwm. Y mae amryfalu o'r fath yn amrywio'n fawr—o ddulliau eraill o ffermio i dwristiaeth a gweithgareddau hamdden. Fodd bynnag, nid yw amryfalu gweithgareddau, ynghyd â chwilio am waith arall gan aelodau teuluoedd fferm, yn gyfleus i bawb ac y mae'r potensial i greu cyflogaeth yn fychan iawn. Bu profiadau rhannau eraill o'r economi yr un mor druenus. Gwelwyd dirywiad cyson yn y diwydiannau traddodiadol ar ôl y rhyfel wrth i grefftwyr cefn gwlad ddiflannu ac wrth i bysgota, gweithgynhyrchu gwlân a chwarelyddiaeth ostwng i lefelau dibwys. Yn eu lle daeth coedwigaeth, cronfeydd dŵr, gorsafoedd pŵer niwclear, Parciau Cenedlaethol a goruchwylio'r amgylchedd. Bu'r datblygiadau hyn i gyd yn rhai dadleuol ac, at ei gilydd, ni chafwyd cynnydd sylweddol mewn cyflogaeth yn eu sgil. Pa le bynnag y cafwyd gweithlu sylweddol, megis gorsafoedd pŵer Trawsfynydd a'r Wylfa neu'r gweithleoedd amddiffyn yn sir Benfro, bu'r cwtogi a'r cau yn ystod y blynyddoedd diweddar yn brawf pellach o sgil-effeithiau gorddibynnu ar gyflogwyr mawr.

O ran hyrwyddo mentrau busnes newydd a denu diwydiant newydd, anghyson fu llwyddiant y Bwrdd Datblygu a'i ragflaenwyr yng nghanolbarth Cymru. Gwelwyd yr effaith fwyaf yn yr ystadau diwydiannol o amgylch Y Drenewydd, gyda'r cynnydd yn ei phoblogaeth, ac amrywiaeth o ffatrïoedd wedi eu hadeiladu mewn gwahanol leoliadau a bennwyd yn begynau twf. Yn gyffredinol, y mae cyfanheddu diwydiannol yng nghefn gwlad Cymru yn parhau yn wasgaredig a chyfyngedig, gydag oddeutu 15% yn unig o weithwyr cyflog i'w cael yn y diwydiannau gweithgynhyrchu. Y sector cyflogaeth a brofodd y twf cyflymaf yng nghefn gwlad Cymru oedd twristiaeth. Daeth hyn, fodd bynnag, â bendithion cymysg. Y mae twristiaeth draddodiadol ar ffurf cyrchfannau glan y môr wedi dirywio, ond yn ei lle cafwyd amrywiaeth o elfennau sy'n ymwneud yn fwy â hamdden a difyrrwch. Y mae cefn gwlad Cymru wedi datblygu yn wlad o garafannau, marinas ac ail gartrefi. Yn ogystal â dod â llu o broblemau diwylliannol, cymdeithasol ac amgylcheddol yn ei sgil, y mae'n rhaid amau i ba raddau y mae twristiaeth yn creu swyddi hir-dymor. Fe'i nodweddir gan lafur rhan-amser, achlysurol a thymhorol, a chan gyflogau isel. Erys y ffaith, fodd bynnag, fod twristiaeth wedi rhoi hwb economaidd i rai ardaloedd a llygedyn o obaith am y dyfodol.

Achosodd y newidiadau yn amgylchiadau economaidd cefn gwlad Cymru newidiadau demograffig a chymdeithasol sylweddol. Y mae'r darlun cyffredinol mewn llawer o ardaloedd yn dangos pobl abl iau yn allfudo a phobl hŷn, lawer ohonynt wedi ymddeol, yn mewnfudo. O ganlyniad ceir gweithlu cynhyrchiol llai yn cynnal cyfradd gynyddol o ddibynyddion, ynghyd â llu o broblemau cymdeithasol a diwylliannol yn effeithio ar yr iaith Gymraeg, y farchnad dai a darpariaeth gwasanaethau lleol. Nid yw'r newidiadau hyn yn creu sail ddeinamig a sefydlog ar gyfer adfywiad economaidd. Er bod cyfraddau diweithdra yn isel, erys cryn ddiweithdra cudd yn ogystal â gwaith rhan-amser ac achlysurol yn unig, a chyflogau ac incwm isel.

Yn achos economi Cymru gellir ystyried canol y 1970au yn gefndeuddwr arwyddocaol iawn yn hanes economaidd y cyfnod ar ôl y rhyfel. Tan hynny bu llywodraethau y Deyrnas Unedig o blaid cyflogaeth lawn ac yn fodlon, i wahanol raddau, i weithredu polisïau rhanbarthol a fyddai'n lleddfu rhywfaint ar brofiadau ardaloedd tlawd. Dechreuodd hyn falurio yn sgil y cynnydd a gafwyd yn y gyfradd chwyddiant ac ar ôl 1979 daeth chwyldro Thatcheriaeth â phwyslais ar beirianwaith y farchnad rydd, cwtogi ar wariant cyhoeddus a rhaglen o breifateiddio. Yn erbyn y cefndir hwn y mae'n rhaid ystyried profiadau yr ugain mlynedd diwethaf.

Yn ystod ail hanner y 1970au a hanner cyntaf y 1980au profodd Cymru ddiwydiannol ei hargyfwng mwyaf er y

34 Gwragedd Maesteg yn cynnal breichiau'r glowyr adeg Streic 1984-5.

1930au. Er bod diwydiannau traddodiadol, glo, dur a thunplat, wedi newid yn sylweddol o ran nodweddion, dosbarthiad a maint, yr oeddynt yn parhau i lywodraethu'r economi. Ond chwalwyd eu grym yn ddiseremoni. Rhwng 1973 a 1983 gostyngodd nifer y glowyr yng Nghymru o 34,000 i 25,000, ond ni ddaeth yr argyfwng mawr tan ar ôl streic 1984-5. Ymhen deunaw mis i ddiwedd y streic yr oedd deuddeg pwll wedi eu cau yn ne Cymru. Erbyn 1989 yr oedd y diwydiant mwyngloddio dwfn yng Nghymru yn cynhyrchu pum miliwn o dunelli yn unig, gan gyflogi 4,100 o lowyr mewn saith pwll, yn cynnwys Y Parlwr Du yn y gogledd. Digwyddodd hyn, yn ymddangosiadol o leiaf, o ganlyniad i gystadleuaeth dramor, gostyngiadau ym mhrisiau byd-eang, lleihad yn y galw mewnol, gorgynhyrchu, a chostau uchel. Ond tybid hefyd mai ymyrraeth fwriadol gan y llywodraeth oedd hyn i gyd-fynd â phreifateiddio trydan ac i baratoi ar gyfer preifateiddio'r diwydiant glo ei hun. Diraddiwyd y sector yn gyson ac er gwaethaf datblygiad glo brig, a oedd yn gymharol broffidiol, er yn gyfyngedig, barnwyd bod cau glofa'r Tŵr yng Nghwm Cynon, pwll dwfn olaf yr ardal, yng ngwanwyn 1994 yn cau'r bennod olaf yn hanes diwydiant glo de Cymru. Serch hynny, atgyfodwyd y Tŵr yn Ionawr 1995 yn sgil ei brynu gan y gweithwyr eu hunain, ond nid oedd y balchder a gododd ynglŷn â hynny yn fawr o gysur wrth ystyried bod diwydiant glo Cymru wedi ei ddymchwel yn llwyr.

Gwaethygwyd sefyllfa maes glo de Cymru gan ei orddibyniaeth ar y diwydiant dur lleol, a oedd wedi dioddef ergydion difrifol yn rhannau cyntaf ac olaf y 1970au. Fodd bynnag, er i'r diwydiant glo farw, yr oedd y sector dur a thunplat mewn cyflwr cymharol dda ar ôl cael ei ailstrwythuro. Yn sgil ailwladoli ym 1967 cafwyd rheoli a chynllunio strategol gwael, gan waethygu'r problemau a ddaeth yn sgil enciliad cyffredinol, lleihad yn y galw, cynhyrchaeth isel ac ansawdd gwael y cynnyrch, gorgynhyrchu yn y byd ac anallu i gystadlu yn rhyngwladol. Yn sgil rhesymoli a gwelliannau technegol ar gyfer cynyddu cynhyrchaeth, collwyd swyddi ar raddfa anferth. Yn sgil cau gweithfeydd Glynebwy ac East Moors (Caerdydd) yn rhan olaf y 1970au, cafwyd cwymp syfrdanol iawn yn ystod y cyfnod 1979-82 wrth i gynnyrch Cymru ostwng draean a'r gweithlu ostwng o 50,000 i 21,000. Erbyn 1990 yr oedd gweithfeydd Brymbo, Dowlais a Felindre wedi cau, ond daeth rhaglenni buddsoddiant mewn mannau eraill â gwelliannau mewn cynhyrchaeth, ac o ganlyniad yr oedd y diwydiant, a oedd bellach lawer yn llai a hefyd wedi ei breifateiddio, yn fwy cystadleuol ac yn uwch ei statws yn Ewrop.

Yn wahanol i brofiad cyfnodau cynharach, ni ddilynwyd colli swyddi yn y diwydiannau trwm gan gyflogaeth mewn meysydd eraill. Rhwng 1980 a 1985 collwyd mwy na 81,000 o swyddi yn y diwydiannau gweithgynhyrchu, 30% o'r cyfanswm. Bu'r effaith ar weithgarwch economaidd yn syfrdanol. Cododd cyfradd diweithdra Cymru o 8% ym 1979 i 13% yn y 1980au, gan gyrraedd uchafbwynt o 17% ym 1986 pan oedd nifer y gweithwyr yswiriedig di-waith yng Nghymru wedi codi i 173,000. Adlewyrchiad o'r dirywiad mewn cynhyrchu oedd y cynnydd anferth mewn diweithdra.

O gofio bod economi Cymru wedi dirywio'n sylweddol erbyn canol y 1980au, hwyrach y bydd sawl un yn synnu i glywed bod ei berfformiad ers hynny wedi cymharu yn ffafriol â pherfformiad y rhan fwyaf o rannau eraill y Deyrnas Unedig. Dengys ystadegau cyfredol fod twf cynnyrch rhwng 1985 a 1990 yn gyflymach na chyfartaledd y Deyrnas Unedig, gyda pherfformiad y sector gweithgynhyrchu yn arbennig o dda. Cynyddodd cynnyrch gweithgynhyrchu draean dros y cyfnod a'r pryd hwnnw Cymru oedd yr unig ranbarth yn y Deyrnas Unedig i gofnodi cynnydd mewn cyflogaeth yn y sector gweithgynhyrchu. Deil llawer o sylwebyddion, ynghyd â lladmeryddion y Swyddfa Gymreig, fod economi Cymru mewn sefyllfa dda i ffynnu yn ystod y 1990au. Yn gyntaf, tynnant sylw at y ffaith fod yr economi wedi ei ailstrwythuro, wedi colli ei ddibyniaeth ar haearn a dur (sydd erbyn hyn yn cyfrif am lai na 3% o gyfanswm cyflogaeth) ac yn cyflogi mwy na chwarter o weithwyr mewn electroneg (16,000), peirianneg (100,000) a gwasanaethau busnes ac ariannol (90,000). Yn ail, honnant fod Cymru wedi elwa ar gymysgedd arbennig o ymyrraeth gan y wladwriaeth a menter rydd, a oedd yn cynnwys defnydd creadigol o fuddsoddiant cyhoeddus, fel y dengys gwahanol raglenni megis Cynllun y Cymoedd yn ne Cymru a'r A55 yn y gogledd. Yn y cyd-destun hwn, y mae llawer o bwys wedi ei osod ar waith yr asiantaethau datblygu a phroffil uchel wedi ei roi i enillion buddsoddiant tuag i mewn.

Er canol y 1970au y mae Awdurdod Datblygu Cymru a Bwrdd Datblygu Cymru Wledig wedi bod yn weithgar iawn yn hybu datblygiadau diwydiannol. Y mae eu gweithgareddau wedi cynnwys cynghori a rhoi cymorth i fusnesau, cymorth i hyfforddiant, gwelliannau amgylcheddol ac adnewyddu trefol. Ond eu swyddogaeth amlycaf yw denu diwydiant drwy ddarparu gofod ffatri a chymorth ar ffurf grantiau. Rhoddwyd cyhoeddusrwydd arbennig i hyrwyddo buddsoddiant tuag i mewn. Er bod hanes hir i fuddsoddiant tramor, gyda chyfraniad America yn bur amlwg, twf cwmnïau o Japan sydd wedi hawlio'r sylw pennaf. Yn sgil agor gweithle electroneg Sony ym Mhen-y-bont ar Ogwr ym 1973, y mae Cymru wedi dod yn ail gartref i nifer helaeth o gwmnïau Japaneaidd ac ar hyn o bryd y mae'r Japaneaid yn buddsoddi mwy yng Nghymru nag mewn unrhyw wlad arall yn Ewrop. Gan fod holl wledydd yr Undeb Ewropeaidd wedi ennill troedle, ynghyd â Llychlyn, y Swistir, De Korea ac India, y mae perchenogaeth cwmnïau yng Nghymru yn gynyddol gosmopolitan. Yn ystod y 1980au honnwyd bod Cymru wedi elwa'n fwy na rhanbarthau eraill y Deyrnas Unedig o ran buddsoddiant tuag i mewn, gan dderbyn tua 14% o gyfanswm y Deyrnas Unedig, ac erbyn 1990 yr oedd oddeutu 20% o'r cyfanswm blynyddol yn cael ei ennill gan Gymru. Ar hyn o bryd cyflogir tua 70,000 o bobl mewn oddeutu 350 o weithleoedd gweithgynhyrchu sydd o dan berchenogaeth dramor, sef traean o weithlu gweithgynhyrchu Cymru. Yn ogystal â gweithgynhyrchu, cafwyd enillion nodedig o wledydd tramor yn y sector gwasanaethau ariannol, megis yr US Chemical Bank yng Nghaerdydd. Ond, yn sgil anogaeth y Swyddfa Gymreig, y mae'r prif ddatblygiadau ariannol wedi cynnwys adleoli gan rai o gwmnïau mawr y Deyrnas Unedig, megis National Provident a'r TSB, sydd wedi cyfrannu i dwf enw da ardal Caerdydd-Casnewydd fel canolfan ariannol. Y datblygiadau hyn ac eraill mewn sectorau sy'n cael eu hystyried yn sectorau twf allweddol sydd wedi cyfrannu i raddau helaeth i'r darlun o Gymru fel economi adfywiedig. Yn awr, fodd bynnag, y mae angen cymhwyso'r darlun hwn a'i osod mewn amrywiaeth o gyd-destunau.

Yn y lle cyntaf y mae'r honiad fod gwelliant cyffredinol wedi digwydd ym mherfformiad economaidd Cymru dros y deng mlynedd diwethaf yn ymddangos yn fregus pan ystyrir cyflwr isel iawn yr economi yng nghanol y 1980au. Yr oedd perfformiad gweithgynhyrchu, yn arbennig yn ystod rhan olaf y 1980au, yn cynnwys effeithiau dal-i-fyny sylweddol o lefelau cymharol isel o fuddsoddiant a chynhyrchaeth. Nid oedd gostyngiadau mewn diweithdra yn ystod ail hanner y 1980au yn ddigon i wneud iawn am swyddi a gollwyd, ac yr oedd unrhyw gynnydd a gafwyd yn nifer y bobl gyflogedig i raddau helaeth yn ganlyniad i'r cynnydd mewn gweithwyr benywaidd, yn enwedig y rhai mewn gwaith rhan-amser. Cynyddai nifer y rhain yn gyflymach yng Nghymru nag yn unman arall ym Mhrydain ac ar hyn o bryd y maent yn cyfrif am fwy na 20% o gyfanswm y gweithlu. Y mae gweithgynhyrchu erbyn hyn yn cyfrif am 25% yn unig o weithwyr mewn cyflogaeth o'i gymharu â 30% ym 1980, ond y mae cyfran y sector gwasanaethau wedi cynyddu o 55% i 65%, gyda Chymru yn parhau i fod ar ei hôl hi o'i chymharu â holl ranbarthau eraill y Deyrnas Unedig yn y galwedigaethau lefel uchaf a geir mewn bancio, cyllid ac yswiriant. Adlewyrchir y newidiadau hyn mewn cyflogaeth gan y ffaith fod enillion gweithgynhyrchu yng Nghymru erbyn hyn yn fwy na'r cyfartaledd gwladol, ond bod enillion cyffredinol wedi profi gostyngiadau cymharol sylweddol dros y pymtheng mlynedd diwethaf. Enillion cyfartalog wythnosol holl weithwyr cyflog gwrywaidd amser-llawn Cymru yw'r isaf o blith holl ranbarthau'r Deyrnas Unedig; y maent oddeutu 88% o gyfartaledd y Deyrnas Unedig. Yn ogystal ag enillion, y mae Cymru yn isel ymhlith rhanbarthau'r Deyrnas Unedig ar sail nifer o ddangosyddion eraill. Er enghraifft, y mae'r ffigur ar gyfer incwm personol yr isaf y pen yn y Deyrnas Unedig; y mae'n 84% o gyfartaledd y Deyrnas Unedig. Er i gyfradd diweithdra Cymru agosáu yn ddiweddar at gyfartaledd y Deyrnas Unedig, sef oddeutu 9%, y mae hyn yn bennaf yn ganlyniad i'r gwaethygiad yn y sefyllfa ddiweithdra yn rhannau deheuol Lloegr, a dengys dadansoddiad o'r ffigurau yn amlwg fod Cymru yn dal i ddioddef. Er enghraifft, yng nghanol 1994, yr oedd cyfradd diweithdra y categori 18-24 oed, sef 29.4%, yn uwch na chyfradd pob rhanbarth yn y Deyrnas Unedig ac eithrio gogledd-orllewin Lloegr.

Y mae'r ystadegau hyn ar gyfer Cymru yn cuddio amrywiadau sylweddol yn amgylchiadau economaidd yr is-ranbarthau, sy'n cael eu hanwybyddu i raddau helaeth mewn adroddiadau optimistaidd ynglŷn â'r economi sy'n tueddu i ganolbwyntio ar ddatblygiadau yn y corneli dwyreiniol. Yn ôl nifer o ddangosyddion, y mae rhannau de-ddwyreiniol a gorllewin-ddwyreiniol Cymru yn perfformio'n ffafriol, ond y mae llawer o ardaloedd eraill yn parhau i ddioddef problemau strwythurol difrifol. Y mae'r ardaloedd gorllewinol a'r mwyafrif o'r ardaloedd cefn gwlad ar ei hôl hi ac ar waelod y rhestr ceir hen ardaloedd y cymoedd yn ne Cymru lle mae'r sefyllfa'n parhau yn ddifrifol iawn mewn rhai mannau. Y mae'r ffigurau diweddaraf ar gyfer incwm cyfartalog unedau teulu yn cadarnhau mai Canolbarth Morgannwg yw'r sir dlotaf yn y Deyrnas Unedig.

Hefyd y mae'n rhaid cymhwyso'r darlun o economi cryf a hydwyth gan y ddadl nad yw'r sail, o reidrwydd, yn sicr, er iddi gael ei ehangu. Y mae'r ddadl wedi ei seilio ar y farn fod dibynnu cynyddol ar fuddsoddiant tuag i mewn a chyfraniad cwmnïau lluoswladol, a bod llawer o'r rheini wedi lleoli un rhan yn unig o'u gweithrediadau yng Nghymru. Ni ellir gwadu llwyddiant Cymru o ran denu buddsoddiant tramor newydd, ond y mae amheuon wedi eu mynegi ynglŷn â'i ansawdd. Y mae'r rhain yn cynnwys pryderon ynghylch y rhyddsymudolrwydd sy'n gysylltiedig â gweithleoedd wedi eu lleoli ar fwy nag un safle, diffyg integru yn yr economi lleol, ac ansawdd a chyflog isel y rhan fwyaf o swyddi ynghlwm wrth weithrediadau cydosod 'tyrnsgriw'. Er gwaethaf ailgyfeiriadu polisïau asiantaethau datblygu yn ddiweddar tuag at ddetholedd ac ansawdd yn hytrach nag agwedd 'swyddi am unrhyw bris', y mae'n ymddangos bod diffyg swyddogaethau lefelau uwch yn parhau ac nad oes digon o ddatblygu prosesau cynhyrchion ansawdd uchel. Y mae beirniadaeth arall yn cyfeirio at y cydganoli anghytbwys o'r buddsoddiant tuag i mewn sydd wedi tueddu i glystyru ar hyd coridor yr M4 yn ne Cymru ac yn Alun a Glannau Dyfrdwy yng ngogledd-ddwyrain Cymru. Mynegwyd pryder hefyd ynghylch cost-effeithiolrwydd denu buddsoddiant tuag i mewn a dilysrwydd a dehongliad ffigurau ynglŷn â buddsoddiant tuag i mewn, yn enwedig o ran creu swyddi newydd. Y mae amheuon eraill yn codi mewn perthynas â buddsoddiant tuag i mewn o gofio bod y ffigurau yn cael eu cyflyru gan ddylanwad ychydig o brosiectau mawr. Er enghraifft, yr oedd buddsoddi gan gwmni Ford yn ei weithleoedd yn Abertawe a Phen-y-bont ar Ogwr yn cyfrif am fwy na hanner y £1.5 miliwn o addewidion buddsoddiant tuag i mewn a gofnodwyd rhwng 1987 a 1992. Fodd bynnag, er gwaethaf ymrwymiad dechreuol y cwmni a chryn ymffrostio yn ei gamp, collwyd swyddi lawer yn ddiweddar yn ne Cymru yn sgil trosglwyddo buddsoddiadau i'r Almaen a Sbaen. Hefyd, er bod gweithrediadau Ford yn ne Cymru, ynghyd â phrosiectau mawr diweddar gan Bosch (yr Almaen) yn Llantrisant a Toyota yng Nglannau Dyfrdwy, wedi cadarnhau presenoldeb sylweddol y sector gweithgynhyrchu ceir a rhannau ceir yng Nghymru, dylid gosod y datblygiadau hyn yn erbyn y lleihau yn y sector brodorol, er enghraifft, British Leyland yn Llanelli. Nid yw buddsoddiant tuag i mewn yn ateb i holl broblemau Cymru, ond ni ellir osgoi'r ffaith fod y gallu i barhau i'w ddenu yn nodwedd angenrheidiol o economi ffyniannus yng Nghymru. Yn awr, bwriwn olwg ar y dyfodol.

35 Ymhlith y nifer helaeth o gwmnïau Japaneaidd yng Nghymru y mae Cwmni Cynhyrchu Ceir Toyota yng Nglannau Dyfrdwy, Clwyd.

Yn y dyfodol bydd ffactorau byd-eang yn effeithio fwyfwy ar economi Cymru. Ond beth bynnag fo'r darlun rhyngwladol, materion Ewropeaidd fydd yn dylanwadu yn fwyaf uniongyrchol ar Gymru, boed hynny yn sgil sefydlu marchnad sengl, diwygio cymorth i amaethyddiaeth, symud tuag at undeb ariannol a gwleidyddol neu oblygiadau ar gyfer polisi rhanbarthol. Y mae llawer o sylwebyddion yn amau gallu rhannau sylweddol o ddiwydiant Cymru i wrthsefyll cynnydd mewn cystadleuaeth neu i fanteisio ar y cynnydd mewn cyfleoedd ym marchnad ehangach yr Undeb Ewropeaidd. Y mae'r amheuon penodol yn ymwneud â methiant y gyfundrefn addysg a hyfforddiant i greu gweithlu sydd â'r medrau a'r rhinweddau priodol, a hefyd ddiffygion o ran seilwaith, yn enwedig mewn perthynas â'r rhwydwaith cysylltiadau sy'n gosod Cymru o dan anfantais gymharol yn yr Ewrop newydd o ran lleoliad. Bydd yr ail Bont Hafren a gwelliannau yn y system ffyrdd rhwng y dwyrain a'r gorllewin yn gymorth, ond y mae sawl pryder yn parhau. Yn arbennig, er gwaethaf gwahanol ddatganiadau calonogol ynghylch dyfodol y rheilffyrdd ar ôl preifateiddio, deil amheuon ynglŷn â materion allweddol megis trydanu prif leiniau a chysylltiadau â Thwnnel y Sianel.

O ran buddsoddiant tramor ceir yn y dyfodol gynnydd mewn cystadlu, o fewn y Deyrnas Unedig ac yn rhyngwladol, am fuddsoddiant tramor newydd. Peryglir gallu Cymru i barhau i fod yn atyniadol am ddau reswm. Yng nghyd-destun gogledd Ewrop y mae Cymru yn parhau i fod yn ardal lle y mae cyflogau yn gymharol isel, ond y mae cystadleuaeth yn cynyddu o'r rhannau deheuol o Ewrop lle y mae cyflogau yn llawer is a chronfeydd anferth o lafur yn aros i gael eu defnyddio. Hefyd, y mae agor gwladwriaethau yr hen floc dwyreiniol yn debygol o gael effaith sylweddol ar leoliad buddsoddiant gan eu bod mor agos at graidd Ewrop. O fewn y Deyrnas Unedig ei hun gall rhanbarthau eraill gynnig atyniadau sy'n debyg i'r hyn a gynigir gan Gymru, os nad yn well, mewn perthynas â marchnadoedd, trawsgludiant, cyfleusterau hyfforddi a seilwaith mwy soffistigedig o ran cyllid a menter.

Y mae costau llafur isel, gwellhad o ran cydberthynas llafur ac ansawdd yr amgylchedd wedi cael eu nodi fel dylanwadau pwysig ar fuddsoddiant tuag i mewn, ond ffactor allweddol oedd gallu'r asiantaethau datblygu i gynnig pecynnau atyniadol yn cynnwys adeiladau ffatri, safleoedd 'maes glas' rhagorol a chymorth ar ffurf grantiau. O fewn y pecynnau hyn y mae cymorth rhanbarthol ar gyfer prosiectau cymwys mewn ardaloedd cynorthwyedig wedi profi'n brif ffactor ac y mae'n hanfodol fod Cymru yn cadw'r gallu i ddarparu cymorth o'r fath. Fodd bynnag, y mae datblygiadau o fewn y Deyrnas Unedig ac yn yr Undeb Ewropeaidd yn awgrymu fel arall. O fewn y Deyrnas Unedig y mae cymorth ariannol i amryw rannau o Gymru dan fygythiad yn sgil ail-lunio map Ardaloedd Cynorthwyedig y wlad yn ddiweddar pan ddilewyd neu israddiwyd statws llawer o ardaloedd. Yn yr Undeb Ewropeaidd ceir ymgais i gydraddoli cynlluniau cymorth rhanbarthol y gwahanol wladwriaethau ynghyd ag ailgyfeirio ariannu rhanbarthol o'r canol i ganolbwyntio'n fwy ar yr ardaloedd hynny a nodir fel y rhai mwyaf anghenus.

Y mae llawer ardal yng Nghymru yn ymddangos yn awr yn gymharol ffyniannus yng nghyd-destun meini prawf yr Undeb Ewropeaidd o'u cymharu â'r gwledydd sydd ar ymyl Y Môr Canoldir. Felly, bydd sawl ardal a elwodd ar amrywiaeth eang o gronfeydd Ewropeaidd yn y gorffennol bron yn sicr o golli yn y drefn ariannu a geir yn y dyfodol.

Yn ogystal ag amheuon ynglŷn â pharhau i dderbyn cymorth rhanbarthol, y mae pryder cynyddol ynglŷn â gallu'r asiantaethau datblygu i barhau i weithredu yn bositif mewn datblygu diwydiannol. Y mae Awdurdod Datblygu Cymru wedi gorfod newid ei ddull o weithredu yn sgil addasu i ofynion newydd a osodwyd gan flaenoriaethau'r llywodraeth ganolog, polisi rhanbarthol sydd wedi ei ail-lunio, a newidiadau yn natur economi Cymru. Erbyn hyn y mae'r asiantaeth yn gorfod creu cyfran gynyddol o'i chyllideb o ffynonellau mewnol. Gyda chefndir o breifateiddio ymlusgol a thoriadau cyffredinol mewn ariannu, ofnir y bydd problemau mewnol yr asiantaeth, ynghyd â phroblemau Bwrdd Datblygu Cymru Wledig, yn ei gwneud yn darged hawdd ar gyfer toriadau.

I gloi. Y mae'n amlwg fod economi Cymru ym 1995 yn gwbl wahanol i'r un a oedd yn bodoli ym 1945. Ond y mae ynddo wendidau cynhenid o hyd, er bod y rhain ar ffurf wahanol. O blith yr hen ystrydebau—glo, dur a defaid—y mae defaid yma o hyd, ond erbyn hyn y mae delweddau newydd wedi ymuno â hwy, delweddau sy'n amlygu enwau Japaneaidd, datblygiadau Bae Caerdydd, marinas a pharciau treftadaeth. At ei gilydd, y mae Cymru yn parhau i lusgo y tu ôl i ranbarthau eraill y Deyrnas Unedig ar sail nifer o ddangosyddion cymdeithasol-economaidd. Nid yw ei strwythur economaidd ehangach ychwaith yn ei diogelu yn y drefn economaidd ryngwladol newydd. Efallai y bydd pwyslais cynyddol ar bwysau'r farchnad a chyfrifiadau masnachol, penderfyniadau a wneir yn aml y tu hwnt i ffiniau Cymru, ynghyd â chwtogi ar fframwaith cymorth rhanbarthol, yn bygwth economi Cymru. Gydag amheuon ynghylch y gallu i ddatblygu brodorol cyffredinol, ni ellir gwarantu y bydd Cymru yn parhau i fod yn atyniadol i fuddsoddiant tramor.

36 Rhan o'r Marina newydd yn Abertawe.

I'r graddau y byddai disgwyl i fuddsoddiant tuag i mewn barhau, y mae'n debygol mai ehangu ar yr hyn sydd eisoes ar gael a wneir, yn hytrach nag agor gweithleoedd newydd, gan barhau i ddatblygu de-ddwyrain Cymru ar draul ardaloedd eraill. Gyda'r buddion sy'n deillio o integru cynyddol o fewn yr Undeb Ewropeaidd wedi eu dosbarthu'n anghyfartal rhwng rhanbarthau Ewrop, nid oes unrhyw reswm dros dybio y bydd Cymru ymhlith yr enillwyr, ac y mae perygl y bydd Cymru yn y drefn newydd fwyfwy ar yr ymylon. Felly, y mae rhagolygon economi Cymru ym 1995 yn gymaint o glytwaith o obeithion ac ofnau ag yr oeddynt hanner can mlynedd yn ôl.

DARLLEN PELLACH

John Davies, *Hanes Cymru* (Llundain, 1990).

Graham Day a Gareth Rees goln., *Regions, Nations and European Integration: Remaking the Celtic Periphery* (Caerdydd, 1991).

K. D. George a Lynn Mainwaring goln., *The Welsh Economy* (Caerdydd, 1988).

G. Manners gol., *South Wales in the Sixties* (Llundain, 1965).

Kenneth O. Morgan, *Rebirth of a Nation: Wales 1880-1980* (Rhydychen, 1981).

E. T. Nevin, 'The Growth of the Welsh Economy', *Trafodion Anrhydeddus Gymdeithas y Cymmrodorion* (1966).

Graham L. Rees, 'The Welsh Economy', yn R. Brinley Jones gol., *Anatomy of Wales* (Peterston-super-Ely, 1972).

Brinley Thomas gol., *The Welsh Economy: Studies in Expansion* (Caerdydd, 1962).

D. A. Thomas, 'War and the Economy: The South Wales Experience', yn Colin Baber ac L. J. Williams goln., *Modern South Wales: Essays in Economic History* (Caerdydd, 1986).

D. Roy Thomas, 'The Impact of the European Community on Regional Policies in Wales', yn Jeffrey I. Round gol., *The European Economy in Perspective: Essays in Honour of Edward Nevin* (Caerdydd, 1994).

YSGRIFAU CYFROLAU I-X

Dr. Huw Walters

Carr, A. D.
Owain Lawgoch: yr etifedd olaf. V, 1-27.

Carter, Harold
Dirywiad yr iaith Gymraeg yn yr ugeinfed ganrif. V, 147-76.

Davies, Ceri
Dyneiddwyr Cymru ac Ewrop. VII, 31-61.

Davies, Hywel M.
'Cymro, gelynol i bob gorthrech': Morgan John Rhys (1760-1804). IX, 63-96.

Davies, John
Y Gydwybod gymdeithasol yng Nghymru rhwng y ddau Ryfel Byd. IV, 153-78.

Davies, R. Rees
Ar drywydd Owain Glyndŵr. II, 1-26.

Davies, Russell
'Hen wlad y menig gwynion': profiad Sir Gaerfyrddin. VI, 135-59.

Davies, Sioned
Y Ferch yng Nghymru yn yr Oesoedd Canol. IX, 1-32.

Edwards, Hywel Teifi
Y Gymraeg yn y bedwaredd ganrif ar bymtheg. II, 119-51.
Gwaedoliaeth lenyddol Dai a Shoni. X, 91-119.

Evans, D. Ellis
Ar drywydd y Celtiaid. VII, 1-30.

Evans, Gwynfor
Hanes twf Plaid Cymru 1925-1995. X, 153-84.

Evans, W. Gareth
'Addysgu mwy na hanner y genedl': yr ymgyrch i hyrwyddo addysg y ferch yng Nghymru Oes Fictoria. IV, 91-119.

Griffith, W. P.
Addysg Brifysgol i'r Cymry yn y Cyfnod Modern Cynnar. VI, 33-65.